ABELARDO E HELOÍSA

Coleção **FILOSOFIA MEDIEVAL**

Coordenação: ***Cristiane N. A. Ayoub (UFABC), Carlos E. de Oliveira (USP), José Carlos Estêvão (USP), Moacyr Novaes (USP)***

- *Iniciação à filosofia de são Tomás de Aquino: Introdução – Lógica – Cosmologia*, vol.1, Henri--Dominique Gardeil
- *Iniciação à filosofia de são Tomás de Aquino: Psicologia – Metafísica*, vol. 2, Henri-Dominique Gardeil
- *Entre a filosofia e a teologia – Os futuros contingentes e a predestinação divina segundo Guilherme de Ockham*, Carlos Eduardo de Oliveira
- *Abelardo e Heloísa*, José Carlos Estêvão
- *O ser e a essência*, Étienne Gilson

José Carlos Estêvão

Abelardo e Heloísa

discurso editorial

PAULUS

Copyright © 2015 José C. Estêvão

Nenhuma parte desta publicação pode ser gravada, armazenada em sistemas eletrônicos, fotocopiada, reproduzida por meios mecânicos ou outros quaisquer sem a autorização prévia da editora.

Direção editorial (Paulus): *Claudiano Avelino dos Santos*
Direção editorial (Discurso): *Milton Meira do Nascimento*
Revisão: *Tiago José Risi Leme*
   Tarsila Doná
Diagramação: *Vanessa Rodrigues de Macedo*
Capa: *Marcelo Campanhã*
Impressão e acabamento: PAULUS

Dados Internacionais de Catalogação na Publicação (CIP)
(Câmara Brasileira do Livro, SP, Brasil)

Estêvão, José C.
   Abelardo e Heloísa / José C. Estêvão. – 1. ed. – São Paulo: Discurso Editorial; Paulus, 2015. – (Coleção Filosofia medieval)

   Bibliografia.
   ISBN 978-85-86590-89-4

   1. Abelardo - Biografia histórica 2. Filosofia medieval 3. Heloísa - Biografia histórica 4. Teologia medieval I. Título. II. Série.

14-07062   CDD-189

Índices para catálogo sistemático:
1. Abelardo e Heloísa: Filosofia medieval 189

1ª edição, 2015

© DISCURSO EDITORIAL - 2015
   Av. Prof. Luciano Gualberto, 315 (sala 11) - 05508-010 - São Paulo (Brasil)
   Fax: (11) 3034-2733 - Tel.: (11) 3814-5383
   www.discurso.com.br - discurso@usp.br

© PAULUS – 2015
   Rua Francisco Cruz, 229 · 04117-091 · São Paulo (Brasil)
   Fax: (11) 5579-3627 · Tel.: (11) 5087-3700
   www.paulus.com.br · editorial@paulus.com.br

Para Chico Rojo

Capítulo I

O CAVALEIRO DA DIALÉTICA

1. O único filósofo do mundo

Jovem e belo, rico e famoso. Acima de tudo, "o único filósofo do mundo". Sem rivais capazes de desafiá-lo. Parece invejável se ver desse modo, aos trinta e poucos anos de idade, mas também pode ser assustadoramente entediante. Pelo menos, foi o que sentiu Abelardo.

Até então, sua vida tinha sido uma longa sucessão de refregas, assédios, combates. E vitórias. Recuara algumas vezes, poucas, mas nunca fora vencido. Filósofo, sim, mas de um modo muito particular. Os termos militares são os que ele próprio usa, e não se referem apenas a peripécias pessoais. Naquele tempo, o modo de filosofar assume seu caráter mais francamente agressivo: não é diálogo nem meditação, é confronto, *disputa*. Como prosseguir quando todos os adversários foram batidos?

Pedro Abelardo nasceu em fins do século XI, em 1079, filho de Lúcia e de Berengário, cavaleiro do castelo de Pallet, na Bretanha. Como todo nobre, destinava-se à carreira das armas, mas seu pai, homem de alguma instrução, quis que seus filhos estudassem antes de adestrá-los como cavaleiros, dedicando especial atenção a seu jovem primogênito. Abelardo nos conta que se saiu tão bem como estudante e de tal forma se encantou com os livros que decidiu abandonar a seus irmãos, Dagoberto e Raul, as glórias militares, abrindo mão de sua herança. Deixou as armas do guerreiro pelas da lógica, e preferiu "a batalha da *disputa* aos troféus da guerra". Trocando de liça, Abelardo procura torneios de um novo tipo. Como disseram os historiadores, arma-se "cavaleiro da dialética".

Com o intuito de aprender filosofia, frequentou algumas escolas antes de finalmente chegar a Paris, onde ensinava o famoso Guilherme de Champeaux. De início, mestre e discípulo mantiveram boas relações, mas muito rápido Abelardo abriu hostilidades contra Guilherme, discordando de suas posições teóricas, refutando suas teses e terminando por sobrepujá-lo na disputa.

Conhecemos detalhes da vida de Abelardo melhor do que de qualquer de seus contemporâneos, porque ele nos deixou uma longa carta autobiográfica, a *História de minhas calamidades*, escrita para um amigo. Como sempre ocorre nessa situação, seus biógrafos já têm diante de si um roteiro perfeitamente arranjado e um quadro de grande coerência do qual não é conveniente se afastar muito. No entanto, é bom estar atento para aquilo que Abelardo *não diz*.

Na época de suas primeiras rusgas com Guilherme de Champeaux, Abelardo era, ele insiste nisso, um adolescente (e o professor, apenas uns dez anos mais velho). A despeito de seu enorme talento – sem dúvida superior ao de Guilherme – a situação afigura-se mais verossímil se nos lembrarmos que, em suas andanças anteriores, tivera como mestre Roscelino de Compiègne, outro importante professor de lógica de então, cujas lições opunham-se frontalmente àquelas que se ensinavam em Paris. É verdade que, quando escreveu a *História de minhas calamidades*, Abelardo já havia, muitos anos antes, rompido com Roscelino, o que explica por que não faz maiores referências a esse aprendizado anterior (de que sabemos por outras fontes).

Não conhecemos quase nada das ideias de Roscelino. Um dos únicos escritos seus que chegou até nós é uma carta de resposta a ataques que lhe faz seu antigo discípulo. Mas, infelizmente, a polêmica reduz-se quase que só a uma lista de injúrias, algumas muito grosseiras.

| O CAVALEIRO DA DIALÉTICA |

Seja como for, é certo que Roscelino foi um dos primeiros filósofos medievais a adotar uma posição que se pode chamar de "nominalista", isto é, entendia que os nomes *universais* (ou seja, o gênero e a espécie, como, por exemplo, o gênero "animal", a espécie "homem") são *palavras* ou *nomes* com as quais nos referimos ao que há de *semelhante* em coisas diferentes. Ora, os "realistas", dos quais o mais importante na época era Guilherme de Champeaux, ensinavam, ao contrário, que o universal é ele próprio algo de real: a *essência* das múltiplas coisas singulares.

As designações "nominalista" e "realista" são demasiado genéricas para caracterizarem com alguma precisão as posições de autores determinados, mas são cômodas para nos referirmos à vasta polêmica que os teóricos medievais travaram a partir de então – a famosa "querela dos universais", à qual voltaremos com muita frequência. Aliás, é bom lembrar que não se trata de um problema menor, e que não está superado, apesar das muitas mudanças que sua formulação sofreu até hoje.

Além disso, a questão trazia em seu bojo consequências teológicas e teológico-políticas imediatas. Anselmo de Cantuária, o mais importante intelectual do Ocidente em fins do século XI, ataca os "nominalistas" lembrando que, se eles não compreendem que vários homens são um só homem na espécie (isto é, o Homem), tampouco poderiam compreender que as três pessoas divinas são um só Deus, como ensina a doutrina cristã. Críticas como essa levaram Roscelino a ser condenado e a se retratar, sob pena de ser expulso da Igreja católica. Mas a disputa está apenas começando: duzentos anos depois, o franciscano Guilherme de Ockham brandirá sua famosa "navalha" teórica contra o papa, tendo como fundamento suas próprias concepções "nominalistas".

Abelardo, portanto, embora muito jovem, não chegara a Paris de mãos abanando: conhecia bem as teorias de Roscelino. Guilherme de Champeaux, por sua vez, não estava preparado para opor-se às novas doutrinas. Foi o suficiente para que Abelardo entendesse que poderia fundar sua própria escola.

| 9 |

Naquele momento, o que fazia de alguém um professor era ter alunos. Ainda estava longe a organização da corporação de ofício dos "mestres e estudantes", a Universidade e o estabelecimento de colégios, currículos e graus acadêmicos. Uma escola se resumia a um professor e seus alunos (que pagavam ao professor). Ou quase só isso: em geral, eram "escolas catedrais", dependendo da licença do bispo. Portanto, boas relações também ajudavam.

O mestre, irritado com a pretensão de Abelardo – ou apenas por inveja, como este nos conta –, procurou impedir-lhe o projeto. Mas acontece que Guilherme era um homem politicamente importante, e por isso seus inimigos também o eram. Abelardo aliou--se a eles e logo estava ministrando seu primeiro curso em Melun, então uma cidade de prestígio, sede da residência real. O sucesso foi suficiente para que, em pouco tempo, transferisse a escola para a cidade de Corbeil, mais perto de Paris e de onde poderia com mais facilidade manter sua disputa com Guilherme.

Uma carreira tão bem-sucedida tem seus custos: enfraquecido pelo excesso de estudos, Abelardo cai doente e se vê obrigado a deixar a França (ou melhor a Île-de-France, a pequena região a que se resumia a França de então), retornando à casa paterna, onde permanece por alguns anos, embora os amantes da lógica desejassem ardentemente seu regresso.

Ou, pelo menos, é o que nos conta a *História de minhas calamidades*. A escola na cidade de Corbeil fora aberta com o apoio de "poderosos da terra", adversários de Guilherme. Ora, o mais importante deles era ninguém menos do que Estêvão de Garlande, o chanceler do rei e arquidiácono de Paris.

O clã familiar dos Garlande detinha todos os principais cargos da corte de Luís VI, o Gordo. Estêvão chega mesmo a acumular a chancelaria e o supremo posto militar de senescal – sem abrir mão de suas dignidades eclesiásticas. As crônicas da época dizem que, "neste tempo, dispunha do arbítrio no reino Franco". Tanto é assim que os Garlande acreditam poder tornar essas prerrogativas hereditárias. A recusa real leva-os a pegar em armas. Muito possivelmente, imaginando as possibilidades de uma nova dinastia.

Abelardo deixa Melun para estabelecer-se em Corbeil, "mais próxima de Paris", é verdade, mas também domínio do conde Eudes, um fiel aliado de Estêvão. Adoece quando a luta entre os Garlande, do clã dos Senlis, e o clã rival dos Rochefort ensanguenta o reino; só retorna à vida acadêmica, com a saúde recuperada, após o fim da contenda.

Embora veja frustradas suas pretensões, Estêvão de Garlande mantém ainda por muito tempo seus cargos e sua influência. A aliança entre o cavaleiro-prelado e o professor nunca será rompida e torna possível entender muitas das "calamidades" de Abelardo, assim como alguns de seus sucessos.

Neste meio-tempo, Guilherme de Champeaux abraçara a vida religiosa. Decisão a que talvez não fosse estranha a quase vitória de Garlande. Abelardo, maldosamente, suspeita que com o único intuito de fazer-se bispo, tanto que – diz ele – logo depois Guilherme foi sagrado para a sé episcopal da cidade de Châlons. Ainda assim, manteve-se em Paris, e ministrando seus cursos.

Abelardo, pouco propenso a cercos prolongados, ao invés de retomar suas aulas, procura o confronto. Com a mesma facilidade com que se fizera professor, retorna à condição de estudante, de novo como aluno de Guilherme. Este, acossado pelo aluno, desta vez não encontra outra saída senão reformular sua antiga posição, embora sem abandoná-la inteiramente. Como se pode imaginar, o efeito foi desastroso. A licença para o ensino de lógica em Paris foi retirada das mãos de Guilherme, e mesmo seus mais próximos seguidores o abandonaram. Seu sucessor renuncia à cátedra em favor de Abelardo, agora senhor da escola de Paris.

Pode parecer demasiado – ainda mais que essa é a versão de Abelardo –, mas aceitável, se considerarmos o que Roland Barthes chamou de "sentido neurótico" da *disputa* medieval, em que se pretende dominar o adversário levando-o à contradição: "o silogismo é a arma que permite tal *liquidação*. É a faca incapaz de cortar e que corta: ambos os disputantes são carrascos que tentam castrar-se mutuamente".

No entanto, a luta ainda está longe de terminar. Agora é momento de Guilherme valer-se dos favores de "poderosos da terra": consegue que o bispo de Paris faça substituir o adversário por um de seus protegidos. Abelardo, comentando sem modéstia que "a grandeza atrai a inveja", leva seu curso de volta para Melun.

Mas, no seu novo estado de religioso, Guilherme não pode permanecer por muito tempo numa "grande" cidade como Paris – então com alguns poucos milhares de habitantes –, deve procurar a solidão. É suficiente para permitir um novo ataque. Desta vez, Abelardo estabelece sua escola em Paris mesmo, embora no monte Sainte-Geneviève, fora da *Cité*, isto é, da cidade propriamente dita. Não é difícil entender: fora da jurisdição do bispo e sob a autoridade do deão da igreja de Sainte-Geneviève: justamente Estêvão de Garlande. De lá, fustiga o usurpador da cátedra de Paris até constranger Guilherme a vir em defesa de seu vassalo sitiado. É a situação para o embate final: a escola dos discípulos de Guilherme morre à míngua por falta de alunos.

"Se querem saber a fortuna deste combate – jacta-se Abelardo –, não fui o vencido". Pode-se ver que há muitas formas de se dar adeus às armas. E se quisermos ter uma ideia da extensão da vitória, lembre-se que Sainte-Geneviève fica na *rive gauche*, a "margem esquerda", do rio Sena. Desde então e até hoje, mil anos depois, é lá que estão as "escolas", a começar pela Sorbonne.

Mas, claro, o principal curso de filosofia de toda a cristandade latina não era suficiente para este jovem.

2. De filósofo a teólogo

Abelardo viaja ao Pallet para assistir à conversão de Lúcia, sua mãe. Seus pais, de comum acordo e como era de praxe para pessoas de sua idade e condição social, fazem votos monásticos. De lá, ao invés de voltar para seus alunos em Paris, vai para Laon, com o intuito de estudar teologia. Já se quis fazer crer que Abelardo teria sido movido pela piedade cristã de sua mãe. Aqui, no entanto, parece mais seguro acreditar nas razões que ele nos dá: Guilherme de Champeaux readquirira prestígio ensinando teologia como bispo de Châlons. Uma vez que o professor de Guilherme nesse campo fora Anselmo de Laon, naquele tempo "a maior e mais antiga autoridade" na matéria, então é a ele que se dirige Abelardo.

Desta vez, a decepção, ou a confirmação de suas suspeitas, é imediata. Constata – impiedosamente – que o velho Anselmo devia sua fama mais à prática de ensino do que ao talento ou à memória: exprimia-se admiravelmente, mas com pouco sentido e vazio de conteúdo. Encantava os que o escutavam, mas era uma nulidade quando questionado. "Muito fumo e pouca luz; árvore de muitas folhas e nenhum fruto".

Abelardo não parece ter escondido sua opinião e, em pouco tempo, deixa de frequentar as aulas. Esse manifesto sinal de desprezo enche de despeito os discípulos mais chegados ao mestre, em particular dois deles, Alberico de Reims e Lotulfo Lombardo. O confronto torna-se inevitável.

> Um dia – conta Abelardo –, após debatermos, estávamos nos divertindo entre colegas, quando um deles, querendo pôr-me à prova, perguntou-me o que pensava, eu que até então só me ocupara de filosofia, da leitura dos Livros Santos. Respondi que tal estudo me parecia muito saudável, pois faz conhecer a via da salvação espiritual, mas que estranhava bastante que homens letrados não julgassem que os comentários e escritos dos Santos Pais e suas glosas fossem suficientes para entendê-los, sem precisar do ensino de outro.

Como os colegas o desafiassem a mostrar o que poderia fazer sozinho, pede-lhes que indicassem um trecho da *Bíblia*, os "Livros Santos" dos cristãos, o qual, no dia seguinte, comentaria publicamente. Oferecem-lhe uma obscura passagem do livro de Ezequiel. Os amigos, temendo o ridículo, tentam dissuadi-lo da empreitada, tendo em vista sua inexperiência no assunto. Abelardo replica indignado que não costuma progredir no saber pela assiduidade no estudo, mas por seu talento. E declara que, se faltarem ao encontro, poderá considerar-se desobrigado do compromisso. Apesar do ceticismo de todos, o sucesso foi tão grande que tornou preciso continuar as lições.

A narrativa de Abelardo acompanha o esquema formal de um duelo. Muito embora fosse o desafiante, põe-se retoricamente no lugar do ofendido (afinal, estava *iocando*, brincando). Escolhem-se as armas, marca-se dia e lugar, os amigos intervêm buscando impedir o confronto. A ausência de uma das partes será entendida como confissão de derrota. A diferença, nesse combate sublimado, é que o verdadeiro oponente não precisa estar presente em pessoa. Disputa-se o lugar de professor.

Vimos as críticas que faz a Anselmo de Laon. Os historiadores são unânimes em concordar que são totalmente injustas: o trabalho de Anselmo e de sua escola é dos mais sérios e respeitáveis. Mas a novidade de Abelardo é, em primeiro lugar, tomar o texto bíblico como um *texto*, objeto de análise similar àquela a que se submete uma obra filosófica, visando antes compreendê-la do que apenas apresentá-la. A verdade da "revelação divina" está, para ele, fora de qualquer dúvida, mas as frases, as *proposições* nas quais é dita são proposições como outras quaisquer: deve-se determinar seu significado. Dessa forma, abre campo para a intervenção de seus conhecimentos de gramática e de lógica. Esse novo método de tratar a *lectio sacra*, a leitura ou lição sagrada, como se dizia então, mais tarde receberá dele o nome, surpreendente para todos e escandaloso para os tradicionalistas, de *teologia*.

A reação do velho mestre de Laon não tardou. Tal como Guilherme de Champeaux, movido por violenta inveja e instigado por seus discípulos, acusa Abelardo de ensinar sem licença (seria interessante saber se Abelardo já estava cobrando por suas aulas: era o estipêndio que fazia do professor um professor): alegava, não sem razão, que poderia vir a ser responsabilizado pelos erros porventura cometidos pelo "inexperiente discípulo".

A indignação é geral. Mas toda vez que Abelardo toca o tema da inveja, sabemos que ouviremos a seguir as variações sobre a glória daqueles que são injustamente perseguidos. A proibição de Anselmo equivalia a um atestado de competência. Bastou Abe-

| O CAVALEIRO DA DIALÉTICA |

lardo retomar o curso de lógica em Paris e, ao mesmo tempo, dar continuidade a suas novas lições de teologia, agora como professor na igreja de Notre-Dame, no coração da *Cité*.

Tão bom teólogo quanto filósofo, cresce a fama de Abelardo e, com ela, "a glória e o lucro". Foi então que, para sua decepção, viu-se como "o único filósofo do mundo".

CAPÍTULO II

A JOVEM HELOÍSA

1. O lobo e a ovelha

Sem adversários à altura, o gume polêmico de Abelardo começa a cegar. A tensão intelectual, que o mantivera até então, relaxa-se. Enfatuado e presunçoso, depois de haver sucumbido à soberba, se vê então tomado de luxúria. A história que nos conta é a de como a Divina Providência o curou desses pecados.

Abelardo, agora com mais ou menos trinta e cinco anos, sempre estivera alheio aos jogos amorosos que, na época, haviam se tornado tão comuns em seu meio. Os estudos e trabalhos não lhe permitiam o tempo necessário para conhecer e frequentar mulheres da nobreza, tampouco estabelecera relações com plebeias (nunca se esqueceu de quem era). Mas por que não se dedicar a um novo campo de conquistas? Ora, "havia então em Paris uma jovenzinha chamada Heloísa".

Uma bela moça – teria uns quinze ou dezesseis anos, talvez um pouco mais –, notável sobretudo por sua cultura. Vivia com o tio, o cônego Fulberto, que se desdobrava para propiciar-lhe uma excelente educação. Numa situação em que eram raras as mulheres instruídas, Heloísa era vista, aos olhos de Abelardo, "celebrada em todo o reino" (no futuro, isso seria verdade).

Encantado com esses predicados e já inflamado de amor pela jovem, busca ocasião para conhecê-la. Acreditava que não teria dificuldade em se fazer aceitar: ele próprio nos pergunta que mulher recusaria que o famoso, jovem e belo Abelardo se dignasse a amá-la... Ainda assim, para quem alardeia tanta segurança, lança mão de um expediente tão tortuoso que lembra a comédia de Maquiavel.

Através de amigos comuns, faz-se apresentar a Fulberto, oferecendo-se como pensionista em sua casa, ao preço que este estipulasse. Alega que assim residiria próximo da escola e deixaria de arcar com os aborrecimentos da organização doméstica, que tanto o dispersavam dos estudos. O cônego não só se sente honrado com a proposta, como também o adula para que se torne preceptor da sobrinha.

Abelardo espanta-se com tamanha ingenuidade: "isso é o mesmo que entregar a ovelha à guarda do lobo faminto". Seria tanto assim? O início da narrativa do episódio da conquista pretende ser o mais cru possível. No entanto, o "lobo faminto" já se declara apaixonado antes mesmo de travar relações pessoais com a "ovelha". É verdade que estamos parafraseando e comentando uma carta escrita muitos anos depois dos eventos que descreve. As motivações que podemos discernir são aquelas que comandam a narrativa, não as que um dia se inclinaram às ações descritas. Por exemplo, não é verossímil que, desde que conheceu Heloísa, Abelardo fizesse o elogio da correspondência como a mais doce forma de diálogo amoroso. Ainda assim, convenhamos que estes não são os modos do sinistro sedutor que Abelardo gostaria de representar. Se havia algo de escuso em suas intenções seria, tão só, que estas, de forma alguma, incluíam a possibilidade de se casar.

Morando sobre o mesmo teto, ligados por obrigações escolares, "o que mais há para dizer?" – pergunta Abelardo. "Com a desculpa do estudo, abandonamo-nos ao amor, e o mesmo pretexto oferecia a possibilidade daquele secreto isolamento de que o amor necessita. Frente aos livros abertos, falávamos mais de amor do que das aulas; eram mais numerosos os beijos do que as lições. As mãos iam antes aos seios do que aos livros; os olhos mais refletiam o amor do que se dirigiam à leitura".

| A JOVEM HELOÍSA |

O cuidadoso cálculo de Abelardo vai por água abaixo. Noites mal dormidas, total desinteresse pelas aulas e, em pouco tempo, toda Paris não falava de outra coisa senão dos "amores secretos" do famoso professor. Nem Abelardo tenta esconder sua paixão; ao contrário: ele a celebra em poemas e canções de amor que, como conta Heloísa, foram muito difundidos na época. Não conhecemos essas canções, que talvez nem tenham sido postas por escrito (embora alguns historiadores achem que sobreviveram alguns fragmentos), mas as músicas litúrgicas compostas por Abelardo e que chegaram até nós mostram que ele, de fato, além de bom poeta e músico, provavelmente fosse também um excelente instrumentista.

O único que continuava na ignorância do que acontecia era Fulberto, o tio de Heloísa. Até que o descuido dos dois amantes leva a que sejam pegos em flagrante. Abelardo é expulso da casa cuja confiança traíra.

Mas ambos continuam a se ver às escondidas. Não demorou a que Heloísa contasse a seu amado, alegremente, que estava grávida. Abelardo precisa tirá-la da casa do tio. Disfarçados, ele de padre e ela de monja, fogem para as terras da irmã de Abelardo, Denise.

2. A recusa de Heloísa e a queda de Abelardo

É nos domínios da família de Abelardo que Heloísa dá à luz a criança, para quem escolhe o estranho nome de Astrolábio, o mesmo de um novo aparelho científico da época.

Enquanto Heloísa está segura na Bretanha, Abelardo retorna a Paris e vem confrontar Fulberto, que só pensa em matá-lo pela terrível desonra que infringira a toda a família. Embora se considere suficientemente protegido pela sua própria parentela, Abelardo sabe que deve satisfações ao homem que é como um pai para sua amada. Para apaziguá-lo, termina por propor o inevitável: casar-se. Mas com uma condição: que o casamento fosse secreto, para – diz Abelardo – "não prejudicar minha reputação".

Abelardo volta ao encontro de Heloísa e conta o acerto feito. Para sua surpresa (e nossa), Heloísa recusa. Não a cláusula de segredo. Recusa casar-se.

Não aceitaria o casamento de modo algum. Se "o próprio imperador Augusto" quisesse fazê-la "imperatriz do Universo", recusaria. Preferia ser chamada de "amiga" de Abelardo (como ele dizia então), ou de sua "amante", ou até mesmo – são suas palavras, pedindo perdão pela expressão grosseira – de "a puta de Abelardo", a casar-se.

Não acreditava que o tio se desse por satisfeito. Continuaria procurando vingança. Mas não quer se casar principalmente porque seria uma humilhação para ambos. Sabemos que Abelardo – e até mesmo Fulberto – também considerava esse casamento uma desonra.

O que havia de errado com o casamento? Duas ordens de razões, uma que diz respeito diretamente a Abelardo, outra, muito superior, que diz respeito a Heloísa. Nenhuma delas se parece com impedimentos que nos ocorreriam atualmente. Abelardo, como qualquer professor durante a Idade Média, era um clérigo, isto é, recebia da Igreja católica a "licença" para ensinar. Mas, fosse qual fosse a posição do clérigo, nunca se exigiu dele algo como o "voto de castidade" dos demais eclesiásticos. Embora o clérigo não devesse se casar, não estava proibido de fazê-lo. A posição social – ou "fortuna", como se dizia então – de ambos era igualmente elevada, a dela, talvez, mais alta (é possível que fosse aparentada justamente ao poderoso clã dos Garlande ou então, noutra hipótese, da alta nobreza de Champagne). Os dois jamais esconderam o justificado orgulho que sentiam um pelo outro. Os problemas eram de outro tipo.

Casar é submeter-se. Mesmo o homem, "cabeça do casal", passa a dever à esposa as obrigações conjugais. Ora, diz Heloísa, "que indecente e que lamentável é ver um homem, destinado por natureza a realizar o bem de todos, dedicar-se a uma única mulher e escravizar-se a tal vergonha". Os filósofos e os "santos", isto é, os autores cristãos, são unanimemente contra o casamento porque ninguém pode dedicar-se igualmente à filosofia e a uma mulher. A filosofia é exigente e ciumenta, não admite qualquer concorrência. O casamento compromete a posição de Abelardo como filósofo. Essa é a desonra e a vergonha. Ainda mais num momento em que a Igreja católica faz intensos esforços para tornar realidade o voto de castidade do clero em geral.

Ao lado de muitas citações de autores antigos, Heloísa também lembra prosaicamente que ninguém consegue se concentrar no meio da bagunça de crianças e criadas, premido por todas as solicitações cotidianas de um lar. Os ricos estão livres disso nas vastas salas de seus palácios, mas os filósofos não são ricos, insiste ela. Filósofos não cuidam das coisas do mundo, nem se deixam levar pelos prazeres da sensualidade, inclusive aqueles inerentes ao casamento. "Filosofia" não é apenas conhecimento, conhecimento da verdade, mas é sobretudo um *modo de vida*, de vida virtuosa, religiosa.

Por fim, Abelardo lembra que ela teria dito que preferia estar ligada a ele tão só por amor, ao invés de atada pelos vínculos matrimoniais, "e então nossos poucos encontros seriam mais doces...". Heloísa, na sua primeira carta a Abelardo, volta ao tema, explicitando as razões que diziam respeito a ela, não aos interesses de Abelardo: "Deus sabe que de ti só quis a ti mesmo". Isto é, não queria nem o casamento nem as "riquezas" de Abelardo, nem mesmo o próprio prazer e a própria vontade, mas tão só o Amado. Inverte-se nossa história: o que Heloísa não quer é que se possa pensar que *ela* teria seduzido Abelardo tendo em vista o casamento. Afinal, "que mulher não invejou minhas alegrias e meu leito?". Em qualquer bom casamento, é um engano piedoso imaginar que ambos são "o marido da melhor das mulheres e a mulher do melhor dos maridos". O caso deles é diferente: não se trata de ilusão e ninguém discorda que isso seja verdade. Se for assim, Heloísa quer mostrar que prefere o amor ao casamento, a liberdade ao laço nupcial.

É preciso não esquecer que estamos lendo cartas escritas muitos anos depois dos eventos que narram (e sabe-se lá quantas vezes terão sido "arrumadas" e "corrigidas" também pelos copistas). Mas a posição de Heloísa é mais significativa do que parece à primeira vista: afirmar a liberdade contra o vínculo; o amor, "movimento interior da alma", contra a instituição não é senão a tradução prática das teses filosóficas de Abelardo, às quais ela faz explícita referência na mesma passagem que citamos acima.

No entanto, malgrado todos os argumentos de Heloísa, Abelardo não vê outra saída que o casamento, ainda que secreto. Lamentando-se, Heloísa submete-se. Voltam para Paris e, numa noite, acompanhados de alguns poucos parentes, casam-se.

Heloísa retorna à casa do tio e continua a encontrar-se furtivamente com Abelardo: estavam casados perante Deus, não perante os homens. Mas Fulberto, como ela previra, apressa-se a divulgar o enlace – única forma de restaurar a honra de sua casa –, obrigando Heloísa a negar insistentemente que estivesse casada. As recriminações mútuas e brigas com o tio passam a ser constantes e chegam, diz ela, a se tornar violentas. Não podiam continuar sob o mesmo teto.

Enraivecido, Abelardo rapta pela segunda vez a amada, levando-a agora para o mosteiro de Argenteuil, onde Heloísa, órfã desde a primeira infância, crescera e havia sido educada. Estaria segura lá até que a situação se acalmasse. O mosteiro ficava perto de Paris, o que permitia que eles continuassem a se ver, apesar da notória impropriedade de seus encontros amorosos numa casa de religiosas.

Fulberto enlouquece de ódio: tem a certeza de que Abelardo quer apenas livrar-se dela. Já não pode evitar a necessidade de vingança. Certa noite, a casa de Abelardo é invadida e ele é castrado pelos homens de Fulberto.

"Na manhã seguinte", conta Abelardo, "toda a cidade se lamentava". "Eu sentia mais a vergonha do que a mutilação". As penas contra os criminosos, apesar de pouparem o mandante, foram terríveis, embora Abelardo, muito mais tarde, ao redigir a *História das minhas calamidades*, reconheça que o castigo divino e a vingança foram mais do que justos.

Abelardo não consegue se imaginar voltando à vida de sempre. Acabrunhado, resolve dedicar-se à vida religiosa e tornar-se monge. Fosse como fosse, era casado, e a praxe da época era que nesse caso marido e mulher fizessem os votos religiosos. "Ordenei que ela tomasse o véu e ela o fez espontaneamente...", conta Abelardo, ainda confuso, mesmo narrando o evento tantos anos depois. E, sem esconder uma pontada de ciúmes, exigiu que ela o fizesse antes dele. Heloísa não tem alternativa senão o convento. Vai para o altar, uma vez mais, como quem se entrega ao sacrifício.

Heloísa entra para o mosteiro de Argenteuil, Abelardo para o de Saint-Denis. O que definia a condição monástica era a submissão a um conjunto de "regras" (a mais famosa é a Regra de São Bento): regras de vida religiosa, regras estabelecendo o horário das preces cotidianas, regras de alimentação e de jejum, regras de comportamento e de relacionamento com os superiores e irmãos, regras sobre as vestimentas a serem usadas. Ora, uma das principais prescrições era acerca do que chamavam de "estabilidade", isto é, não se deveria deixar – se possível, por toda a vida – o mosteiro no qual se era acolhido. Se Abelardo e Heloísa fossem bons monges regulares, nossa história teria terminado aqui. Mas já se imagina que não poderia ser assim. As andanças e peripécias vão continuar até a velhice, mas agora menos passionais e mais marcadas por disputas intelectuais.

Capítulo III

A INVENÇÃO DA TEOLOGIA

1. Primeiro embate teológico

Assim que Abelardo recuperou as forças, viu-se acossado pelos estudantes, insistindo para que voltasse a dar aulas: agora "por amor a Deus" e pela "instrução dos pobres", como convém a um religioso, diziam eles. Afinal, o trabalho faz parte, tanto quanto a oração, da vocação de um monge beneditino. Mas monges não são professores.

Acontece que a abadia para a qual se retirara Abelardo era uma das mais importantes do reino, bem próxima de Paris e imensamente influente do ponto de vista político – ele não poderia ter deixado por menos – e, longe de ser uma piedosa comunidade de religiosos, levava uma vida mundana das mais vergonhosas. A começar, diz Abelardo, pelo abade, notório por sua má conduta e infâmia (no léxico medieval, tais impropérios são extremamente duros). O novo monge põe-se a criticar tudo e todos, fazendo-os ver que, ao invés de ampliar a fama da abadia ao aceitar entre eles o grande filósofo parisiense, tinham nas mãos um problema permanente. Problema para o qual foi necessário encontrar uma solução de compromisso: Abelardo mudaria para uma casa do mosteiro, mas fora dele, um priorado, e voltaria a suas aulas; ambos os lados ficariam em paz.

Logo, as outras escolas estavam novamente vazias e "uma multidão tão grande de alunos me seguiu – conta Abelardo –, que o lugar não era suficiente para abrigá-los, nem a terra para alimentá-los". O professor, protestando sincero arrependimento de suas faltas passadas, estava disposto a "deixar de ser o filósofo do mundo e tornar-se o filósofo de Deus". Mas o que os estudantes de teologia de então demandavam era uma argumentação filosófica racional sobre os princípios religiosos, dizendo que "é inútil falar sobre o que não se compreende, nem se pode crer no que não se entende".

Para satisfazê-los, Abelardo escreve um pequeno tratado *Sobre a unidade e a trindade divina* (atualmente conhecido como *Teologia do sumo bem*), que – segundo a opinião do próprio autor – respondia com grande sutileza a todas as difíceis questões sobre o tema e que se tornou o sucesso do momento.

Fui o suficiente para, uma vez mais, despertar a inveja dos antigos rivais, Alberico de Reims e Lotulfo Lombardo, que, desde a morte de Guilherme de Champeaux e de Anselmo de Laon, mantinham uma Escola na cidade de Reims. Ambos continuam a insistir que Abelardo ensina sem licença, e agora voltavam contra ele a acusação que fazia a Guilherme, a de desrespeitar a condição religiosa com uma atividade secular, além de – muito mais grave e totalmente falso – ensinar grandes heresias, como a doutrina anticristã segundo a qual a Trindade são "três deuses".

Tendo convencido o arcebispo de Reims, conseguiram incluir na pauta de um concílio a ser realizado na cidade de Soisson, com a presença do cardeal Conan de Palestrina, legado papal na França (isto é, representante do papa), o julgamento acerca da conformidade do ensino de Abelardo com a doutrina católica. Abelardo, maldosamente, desqualifica a "reuniãozinha, a que deram o nome pomposo de concílio". Mas como resistir a um confronto? Ainda mais que a acusação contra ele era a mesma que o célebre Anselmo de Cantuária fizera a Roscelino, e que Soisson já abrigara, em 1093, um concílio em que fracassaram na pretensão de censurar o primeiro mestre de Abelardo.

Enquanto seus adversários reviravam o livro em busca de algo condenável, Abelardo falava ao povo e ao clero, expondo

| A INVENÇÃO DA TEOLOGIA |

seus escritos e, como sempre, conquistando a plateia, que já estava convencida de que os juizes de Abelardo haviam errado. Dada a situação, Alberico, acompanhado de alguns alunos, tenta confrontar Abelardo publicamente: formula questões precisas acerca da relação entre as Pessoas da Trindade e acusa Abelardo de afirmar que "Deus não pode engendrar a si próprio" (o que dá a impressão de limitar a onipotência de Deus). Como Abelardo respondesse que poderiam discutir a respeito, Alberico retruca que, nestas questões de fé, não se admitem razões humanas, mas apenas a autoridade religiosa. Abelardo conta que simplesmente pediu que ele virasse a página do livro, e apontou uma citação de Santo Agostinho dizendo exatamente aquilo que sustentava: ninguém, nem mesmo Deus, "pode engendrar a si mesmo" (*Da Trindade*, I, 1). Os estudantes enrubesceram de vergonha e Alberico tentou safar-se alegando que "é preciso entender bem" o que Agostinho quis dizer.

Era o que Abelardo precisava: mesmo a autoridade precisa ser interpretada, isto é, deve ser entendida segundo razões humanas: "é inútil falar sobre o que não se compreende, nem se pode crer no que não se entende". Esse é o desacordo de fundo entre Abelardo e todos os seus adversários em teologia. Na medida em que os dogmas da religião se expõem em palavras, então devem ser analisados segundo as mesmas regras lógicas e gramaticais de qualquer outra frase ou proposição. Só assim se pode compreender o que dizem. Tal discordância, como veremos, recobre profundas diferenças filosóficas.

Abelardo tinha quem o defendesse, como os professores da Escola de Chartres, talvez a mais importante da época, que participavam das discussões liderados por Godofredo, o próprio bispo de Chartres, e que exigiam que ele tivesse o direito de falar. Mas os demais membros do concílio logo chegaram à conclusão de que não podiam enfrentá-lo numa discussão: "sábio conselho! Lutar contra a eloquência daquele cujos argumentos e sofismas o mundo todo não poderia vencer!". O Doutor Invencível. Portanto, não deveria ser ouvido. Tentou-se remeter a discussão para uma comissão

| 27 |

(o que seria o mesmo que enterrar o problema), mas os adversários de Abelardo transformaram a condenação numa questão de honra para o arcebispo, patrono do concílio. Sem maiores considerações, e apesar dos protestos e da confusão generalizada, condenaram Abelardo a queimar seu tratado e a se recluir na abadia de Saint-Médart, perto de Soisson. Ele ainda tentou se defender, mas disseram que bastava que recitasse o credo, "coisa que qualquer criança pode fazer".

Abelardo faz questão de lembrar que foi recebido carinhosamente em Saint-Médart. Poucos dias depois, ninguém estava disposto a assumir a responsabilidade por uma condenação tão irregular, e Conan, o legado papal, anula a pena de reclusão, remetendo Abelardo novamente a seu mosteiro de Saint-Denis.

2. Uma nova concepção: a teologia

"Fui convocado e me apresentei ao concílio. Sem nenhum exame, impuseram que eu mesmo, com minhas próprias mãos, jogasse ao fogo meu famoso livro". Abelardo não consegue se conformar. Por vergonhosa que tivesse sido a pena que lhe impusera Fulberto, Abelardo era obrigado a reconhecer, ao menos, que fizera por merecer. Agora, não. Não concedia e jamais concedeu que estivesse errado.

Ora, seus adversários, apesar do desprezo com que Abelardo os descreve, estavam longe de ser tolos. A Escola de Laon, a que davam continuidade, desempenhou um importante papel na reestruturação dos estudos da *sacra pagina*. Até então, o ensino da doutrina cristã se fazia expondo a *Bíblia*, explicada pelos Pais da Igreja, isto é, os autores cristãos do fim da Antiguidade e do começo da Idade Média, entre eles, principalmente Agostinho de Hipona. O que a Escola de Laon faz é organizar um conjunto ordenado e coerente de comentários, o que viria a ser conhecido com o nome de "glosa ordinária": o comentário comum. Um trabalho de fôlego, se nos lembrarmos que a edição moderna dos Pais Latinos ocupa mais de 70 grossos volumes.

| A INVENÇÃO DA TEOLOGIA |

Mas a Escola de Laon não pretende pôr em questão um dos pilares básicos da tradição: a reflexão sobre as Escrituras visa, sobretudo, a meditação, o enriquecimento espiritual do monge, do clérigo. Toda a tradição cristã, principalmente desde Agostinho, no século IV, entende a sabedoria como um movimento no qual o conhecimento de Deus não se separa do amor e da fruição, e que guia a alma em direção à contemplação mística, isto é, de uma apreensão imediata – nem racional, nem discursiva – da divindade.

Abelardo, profundo conhecedor de Agostinho, não nega que assim seja, mas delimita um espaço *anterior* a essa compreensão amorosa da religião: o da polêmica sobre a verossimilhança dos dogmas. O que diz a religião pode ser pensado racionalmente? É verdade que os "mistérios da fé" não podem ser provados (senão não seriam mistérios nem exigiriam fé). Mas, como ensina o próprio Agostinho, admitem a formulação de aproximações analógicas racionais. Ora, enquanto os grandes agostinianos, como Anselmo de Cantuária, sempre insistiram no mote "crer para entender", Abelardo, por sua vez, inverte os termos da equação: "entender para crer". Não que pretenda diminuir a importância da fé (ele cansa de repetir o contrário), mas porque teme que a religião acabe por se contentar com fórmulas incompreensíveis e, portanto, vazias, meras palavras.

Lembremos que Abelardo expõe a maneira como os *enunciados* da religião devem ser racionalmente entendidos. A compreensão desses enunciados exige a competência do gramático e do dialético (o lógico). Ao mesmo tempo, permite uma forma nova de exposição da religião: segundo uma organização temática e não mais colada ao texto sinuoso das Escrituras, como acontecia com a glosa. É seguindo este novo programa, apresentar o que são a fé, a caridade e os sacramentos (ou seja, aquilo que é necessário para a salvação), que Abelardo reescreve duas vezes (em diversas redações) seu primeiro tratado teológico: são a *Teologia cristã* e a *Teologia para estudantes* (ou melhor, "Teologia a pedido de nossos estudantes", apresentada como uma introdução ao estudo da *Bíblia*).

| 29 |

Abelardo tem tanta consciência da novidade de seu trabalho que usa um nome novo para designá-lo: *Teologia cristã*. Claro que essa expressão não nos surpreende como aos leitores do século XII. Mas religiosos conservadores, como São Bernardo de Claraval e seus partidários, ficaram chocados e irritados. Agostinho escreveu um livro, a seu tempo igualmente novo, intitulado *Doutrina cristã*. "Doutrina" e não "teologia", um termo usado, em geral, pelos pagãos. E se pseudo-Dionísio escreveu um curtíssimo tratado chamado *Teologia mística*, foi para reafirmar que não se pode falar de Deus teologicamente. Porque "teologia" indica a pretensão de ciência. Não é o conhecimento amoroso ensinado pela tradição religiosa, mas o conhecimento científico acerca de Deus. Exatamente o que farão os autores do século XIII, principalmente o mais importante deles, Tomás de Aquino: a *Suma de teologia* é uma exposição científica sobre Deus. Entenda-se bem: "ciência" num sentido bem preciso (e diferente do atual), o sentido aristotélico. Um conhecimento necessário e universal, que, fundado em premissas evidentes, determina as consequências que delas decorrem logicamente.

Abelardo ainda não chega a esse grau de precisão, mas concebe a teologia como uma ciência da linguagem, voltada para a determinação do significado dos termos e para a análise das relações lógicas. Por exemplo, se partimos da afirmação "Deus é onipotente" (a primeira frase do *Credo* cristão), que consequências decorrem daí? Sendo onipotente, parece que poderia criar o mundo como quisesse, mas como é sábio (ser sábio faz parte da onipotência), sua sabedoria exige que faça o melhor. E então parece que só pode criar o melhor dos mundos, e não um outro qualquer, o que parece negar sua onipotência. Ora, como se deve compreender a afirmação inicial para que não redunde em contradição?

Questões como essa custaram a Abelardo algumas de suas condenações. E mesmo meio milênio depois de sua morte, ainda suscitavam a ira de um grande filósofo moderno como Leibniz, que, nos seus *Ensaios de teodiceia*, o acusa de falar demais e ceder ao prazer das expressões novas e chocantes: Abelardo deveria

A INVENÇÃO DA TEOLOGIA

perceber que Deus, sendo onipotente, conhece todos os mundos possíveis, mas que é por sua vontade (uma faculdade distinta, para nós, de sua potência) que escolhe criar o melhor dos mundos. Ora, a introdução da noção de vontade assim concebida é obra de teólogos do século XIV, como João Duns Escoto, empenhados justamente em dar conta de aporias como aquelas apontadas por Abelardo.

A *Teologia* de Abelardo é uma apresentação ordenada da religião cristã. O melhor termo é mesmo "ordenação". Não se pode falar ainda em "sistema" ou em "método", como farão os modernos, nem mesmo em "arquitetônica", como seria apropriado para os autores medievais dos séculos subsequentes. Qualquer dessas expressões exige uma concepção determinada que não é a de Abelardo. Ele se limita a *ordenar* a exposição segundo premissas gerais e, muito especialmente, se ocupa em definir os termos empregados: o que quer dizer "fé", "caridade" ou "pecado". Por exemplo, se a definição de pecado é "desprezar a Deus", o "pecado original" não pode, propriamente falando, ser chamado de "pecado", porque não poderíamos ter desde o nascimento – a nossa origem – a intenção de "desprezar a Deus". Não que ele negue a doutrina do "pecado original", segundo a qual todos os homens nascem "culpados frente a Deus". Só não concede que o *termo* esteja sendo bem usado. Um outro exemplo: a *Carta aos Hebreus*, na *Bíblia* (ao menos na *Bíblia* latina da época de Abelardo), define a fé como "o argumento das coisas que não se veem" (Hb 11,1). Ora, segundo ele, como neste caso não se pode falar em argumento no sentido próprio da palavra, então se deve entender que a fé é uma "estimativa". Como se vê, o mesmo procedimento "teológico" também valia para os comentários do texto bíblico feitos por Abelardo.

Abelardo, diz Leibniz, "muda o uso dos termos". Talvez ele respondesse que só está tentando esclarecê-los.

Embora o nome *Teologia* só passe a ser usual duzentos anos depois, incluindo o desenvolvimento de tudo o que ele implica, o modelo de ordenação da exposição teológica irá se impor quase imediatamente, até porque era a tendência intelectual da época. Nesse aspecto, não era incompatível com o trabalho da Escola de Laon e ainda influencia fortemente a ordenação dos estudos jurídicos, outro campo em que intelectuais do século XII reorganizam tudo o que puderam amealhar da cultura antiga – e não foi pouco – para estabelecer um patamar a partir do qual construirão as novas bases do conhecimento medieval nesse campo.

Ao lado de suas *Teologias*, Abelardo compila um vasto repertório de "autoridades", isto é, de citações dos Pais da Igreja, dispostas na forma de questões às quais eles respondem de modo contraditório. É o famoso *Sic et non* ("Sim e não"). Abaixo de cada uma das 158 questões – tais como "Deus tudo pode ou não?", "os filósofos acreditavam na Trindade ou não?", "só Cristo é o fundamento da Igreja ou não?", "o casamento é aconselhável ou não?", "as boas obras justificam os homens ou não?" –, seguem-se, em duas colunas e sem qualquer comentário, citações contrárias e favoráveis, algumas vezes do mesmo autor.

No entanto, malgrado o título provocativo ("monstruoso", diz o abade Guilherme de São Teodorico, a quem, aliás, também se atribuiu a compilação de um repertório semelhante), trata-se, ainda aqui, de simples ordenação da vasta massa de documentos herdada da tradição. O prólogo, única parte do livro que é escrita por Abelardo, dissipa qualquer dúvida acerca do caráter hipoteticamente contestatário da obra. O prólogo é um manual de análise de texto: quando nos defrontamos com textos que se opõem, é preciso, em primeiro lugar, determinar se ambos estão realmente falando da mesma coisa, se as palavras têm o mesmo significado, porque muitas vezes elas são usadas em sentido diferente por outro autor, numa ou noutra obra de um mesmo autor, numa ou noutra passagem de uma mesma obra. É preciso saber qual tema está sendo tratado na passagem de que se retirou a citação (por exemplo, é um erro tentar contrapor aquilo que Platão diz como "físico", isto é, sobre metafísica, ao que Aristóteles diz como "lógico", como Abelardo ensina na *Lógica para principiantes*). Se por acaso o autor não mudou de opinião (as *Retratações* de Agostinho são o exemplo

| A INVENÇÃO DA TEOLOGIA |

clássico). Ou se não está citando a opinião de outro. Se a atribuição de autoria da obra está correta, para que não ocorra que se atribua às palavras de um autor o significado que têm noutro autor. Se a tradução é fiel. Por fim, se o copista não errou. Só então, tomados todos esses cuidados, é que se pode falar em contradição. E, como lembra Abelardo, desse modo aprendemos que a tradição cristã apresenta "diversidade, mas não diferença". Isso posto, ressalvada a *Bíblia*, cuja verdade os cristãos não podem pôr em dúvida, quanto aos escritos teológicos e filosóficos, prevalece, diz ele, "a liberdade de julgamento".

O *Sim e não*, com centenas de citações, dá conta de um enorme esforço de erudição com o qual Abelardo, além de pôr em circulação um amplo repertório facilmente manejável – um instrumento inestimável numa época em que o acesso aos livros é caro e difícil –, impõe tanto um padrão de abordagem textual muito rigoroso quanto sua concepção de que a "autoridade" (inclusive a da própria *Bíblia*) é muda se não for bem interpretada. É como se Abelardo estendesse sua resposta a Alberico acerca das "autoridades" pelas 700 páginas da edição atual do *Sim e não*.

A ordenação das questões do *Sim e não* acompanha o esquema traçado nas suas teologias: a fé, os sacramentos, a caridade. E as três teologias de Abelardo também abrem espaço para o seu manifesto metodológico: defesa da dialética e crítica tanto de seus adversários quanto dos "pseudodialéticos", que confundiriam o âmbito lógico e o teológico. É preciso distingui-los, mas sem esquecer que ambos decorrem da mesma racionalidade, isto é, da luz divina.

Mais uma vez, Abelardo inverte o sinal da tradição agostiniana: ao invés de conceber a razão como participação na luz divina, identifica a "iluminação" com a própria razão, ampliando a ênfase do tema agostiniano da "inspiração divina dos filósofos". Deus não fala apenas através de seus santos e profetas, mas também – e, acrescenta ele, "de modo mais claro" – através dos filósofos: Sócrates, Platão, Aristóteles, Cícero, Sêneca. Filósofos pagãos, é certo, mas que, se falaram a verdade, o fizeram pela graça de Deus. Através do testemunho dos filósofos se pode conhecer a verdadeira regra da vida religiosa, e eles chegam mesmo a descrever, de modo metafórico, a natureza trinitária do Deus cristão: a "alma do mundo" de que Platão fala no *Timeu* seria como que uma indicação do Espírito Santo (muito criticado por essa associação, Abelardo se retrata, mas apenas afirmando que nunca disse que Platão conhecia a Trindade divina, apenas que as palavras de Platão "lembram" o dogma cristão). Agostinho também tem apreço pelos filósofos, mas expressamente nega que pudessem conhecer o essencial da religião cristã: a encarnação, a morte e a ressurreição de Cristo, a Redenção e a Trindade. Abelardo cita a passagem das *Confissões* em que Agostinho faz o elogio dos "platônicos", mas quase silencia quanto às restrições feitas por Agostinho.

A questão da Trindade é o ponto de partida das teologias de Abelardo, tanto que a primeira delas, anterior ao uso do termo "teologia", é descrita por ele como "um tratado sobre a unidade e a trindade divina". As duas principais referências de então sobre o tema são o tratado de Agostinho *A Trindade* e dois opúsculos de Boécio sobre o mesmo problema. Enquanto Agostinho apresenta analogias que nos permitam perceber melhor como se pode conceber um Deus simultaneamente uno e trino, enquanto Boécio expõe considerações metafísicas sobre a noção de substância, Abelardo limita-se a analisar "o que significam, em Deus, os nomes Pai, Filho, Espírito Santo". Note-se: "o que *significam os nomes*". Abelardo não fala daquilo que *é* o Deus Uno e Trino dos cristãos, mas sobre como se devem entender os *nomes* pelos quais designamos tais realidades.

Se a teologia de Abelardo pode se apresentar como um conhecimento científico, é porque não fala de Deus, mas dos *enunciados* através dos quais falamos de Deus. Ora, grande parte das críticas que levaram a que sua teologia fosse condenada pela Igreja católica vem do fato de que seus opositores não conseguiam perceber a diferença entre, por um lado, as análises lógicas, gramaticais e semânticas (isto é, do significado dos termos) e, por outro lado, a referência às próprias coisas.

| A INVENÇÃO DA TEOLOGIA |

Como não está falando de realidades, é em vão que se procurará nos escritos teológicos de Abelardo as invocações e louvações de Deus, tão frequentes nas obras de Agostinho e de seus seguidores. Não é por acaso que no fim da Idade Média se chegará à conclusão de que o teólogo nem precisa ter fé, basta que seja um bom lógico, e pouco importa se crê ou não nas premissas de que parte, os dogmas da religião. Mas isso será muito depois de Abelardo e exigirá inclusive que se conheça muito mais da obra de Aristóteles do que era possível na primeira metade do século XII.

Ora, tais concepções teológicas decorriam de uma tomada de posição filosófica bastante determinada.

CAPÍTULO IV

A LÓGICA MODERNA

1. Da "lógica velha" à "lógica moderna"

A belardo foi o grande teórico da chamada "lógica velha", nome dado a um conjunto de textos que serviu de base para o estudo de lógica durante toda a Idade Média e do qual faziam parte: 1) dois livros de Aristóteles: as *Categorias* e o *Da interpretação* (os dois primeiros dos seis tratados do *Organon*, a coleção de livros de lógica de Aristóteles); 2) a *Isagoge* de Porfírio, isto é, uma "Introdução às *Categorias*"; 3) os *Tópicos*, de Cícero; 4) quatro pequenos tratados da autoria de Severino Boécio: *Sobre o silogismo categórico*, *Sobre o silogismo hipotético*, *Sobre os diferentes tópicos* e *Sobre a divisão*. De fato, trata-se de um *corpus* boeciano, uma vez que metade dos oito pequenos livros citados é de Boécio e a outra metade foi traduzida e/ou comentada por ele.

A coleção de obras montada por Boécio, "o último dos romanos", tinha como intuito salvar o que fosse possível da herança clássica que, no início do século VI, com o esboroamento do Império Romano no Ocidente, estava em vias de se perder, ao menos para os latinos. Embora não tenha conseguido realizar seu ambicioso programa (que incluía traduzir para o latim e comentar toda a obra de Platão e de Aristóteles), o pouco que conseguiu fazer foi suficiente para, seiscentos anos depois, servir de instrumento para a retomada do conhecimento antigo na Europa latina medieval.

Isso foi possível porque esse pequeno conjunto de obras é extremamente compacto e denso.

Boécio é adepto da escola filosófica que chamamos de neoplatonismo, fundada por Plotino, no século III, e que gradativamente dominou todo o panorama filosófico da Antiguidade Tardia. Porfírio, o autor da *Isagoge*, é o primeiro dos discípulos de Plotino e, inclusive, biógrafo e editor das obras do mestre, as *Enéadas*. Nenhum dos dois é cristão (Porfírio chegou mesmo a escrever um tratado *Contra os cristãos*), mas grande parte da gigantesca obra de Agostinho de Hipona, no século seguinte, será justamente pensar a religião cristã em termos neoplatônicos, o que permitiu uma difusão ainda mais extensa dessa filosofia. Embora tais "livros platônicos", como dizia Agostinho, se apresentem como uma aplicação da obra de Platão, são uma elaboração bastante original que reinterpreta tanto Platão quanto Aristóteles. O resultado é um todo coerente e consistente, mas no qual convivem, não sem algum conflito, elementos antagônicos do platonismo e do aristotelismo. Se, como fizeram os autores da Antiguidade Tardia e da Idade Média, acrescentarmos aos escritos neoplatônicos a obra de Cícero – que, em termos gerais, depende da terceira das grandes escolas antigas, o estoicismo, além de agregar elementos aristotélicos e do ceticismo originado na Academia platônica –, temos um condensado de quase toda a Filosofia Antiga (só o epicurismo fica de fora).

Abelardo, o lógico, é um discípulo de Boécio, como todos os professores de filosofia de seu tempo. Mas sabemos que nunca foi um discípulo dócil. Já se disse que o gênio de Abelardo consistiu justamente em saber distinguir cada uma dessas vertentes e tentar, na medida do possível, reconstruir o que era propriamente de Aristóteles. Uma façanha filosófica extraordinária, se nos lembrarmos que praticamente toda a obra de Aristóteles ainda estava por ser traduzida, e que de Platão só se podia ler um minúsculo fragmento, o começo do diálogo chamado *Timeu*. Tudo o mais devia ser aprendido por via indireta, em citações e paráfrases, muitas vezes em obras literárias ou em gramáticas antigas (como a de Prisciano

| A *LÓGICA MODERNA* |

de Cesareia, autor do século VI). Abelardo, tendo feito as devidas distinções, manteve diversos dos temas fornecidos pelas diferentes filosofias presentes, podendo, assim, avançar decididamente na formulação de novas possibilidades, que originariam, mais tarde, o que chamaram de "lógica moderna".

"Lógica moderna", e não "lógica nova". A expressão "lógica nova" será usada para designar os demais tratados de lógica de Aristóteles quando entrarem em circulação, na época em que Abelardo já é um ancião. É claro que os medievais nunca se perceberam como "medievais". E para se distinguir dos "antigos", cunharam uma palavra com a qual faziam referência a seu próprio tempo, o "modo de hoje": *moderno*. A denominação "lógica moderna" expressa perfeitamente a percepção da diferença entre o que estava sendo feito e o que se aprendia nos antigos. Mesmo depois que a "lógica nova" foi totalmente assimilada, nos séculos XIII e XIV, as contribuições da "lógica moderna" permaneceram suficientemente influentes para gerarem uma produção lógica inovadora e muito mais extensa do que a dos antigos, e que atualmente chamamos, em geral, de "lógica terminista".

2. A questão dos universais: as palavras e as coisas

As obras de lógica de Abelardo que conhecemos são três ou quatro (há problemas de atribuição quanto a um deles) diferentes comentários da *Isagoge*, de Porfírio, dois comentários das *Categorias* e dois do *Da interpretação* – livros de Aristóteles –, além de comentários de dois livros de Boécio: *Sobre os diferentes tópicos* e *Sobre a divisão*. Por fim, uma volumosa exposição geral, a *Dialectica* (isto é, *Lógica*), que mantém o estilo de comentário dos mesmos livros citados.

Um dos comentários da *Isagoge*, provavelmente o último a ser escrito, foi publicado modernamente com o nome de *Logica nostrorum*, isto é, *Lógica para nossos colegas*. Boa parte dos demais comentários foi agrupada em dois conjuntos que também receberam novos títulos dos editores modernos: *Introduções à dialética* e

Logica ingredientibus, isto é, *Lógica para principiantes*. A escolha dos títulos das duas lógicas, a *Nostrorum* e a *Ingredientibus*, obedece a um critério simples e preciso: reproduz as primeiras palavras do texto. E, desse modo, exprimem fielmente o caráter "escolar" das obras: são os cursos ministrados por Abelardo, razão pela qual ele os reescreve tantas vezes. Mas, enquanto as *Introduções* são, de fato, mais simples, os outros cursos devem ter sido para veteranos, e não para calouros. João de Salisbury, um dos estudantes mais brilhantes que assistiu a esses cursos, lembra, com carinho pelo "ilustre e admirável mestre", que as aulas eram magníficas e exigiam muito estudo.

O melhor exemplo da elaboração filosófica de Abelardo é o modo como trata a famosa questão dos universais a que nos referimos no início. Como sempre, a abordagem tem lugar num comentário de texto, tarefa por excelência do professor de filosofia, que só pode avançar firmemente enraizado na tradição. Trata-se de comentar a *Isagoge* de Porfírio, ponto de partida de qualquer curso de lógica medieval.

Porfírio apresenta as definições de cinco termos cujo significado é fundamental, entende ele, para a leitura das *Categorias* de Aristóteles: "gênero" e "espécie" (isto é, os "universais"), "diferença", "próprio", "acidente". Logo no início do livro, após definir "universal" como "o que se predica de muitos" – como o gênero (por exemplo: "animal", que é predicado de todos os diferentes animais) e a espécie (por exemplo: "homem", que é predicado de cada homem individualmente) –, Porfírio lembra que há três questões que se podem formular sobre os universais e as quais Abelardo transcreve do seguinte modo:

1ª) Gêneros e espécies "têm verdadeiro ser *ou* apenas opinião" (isto é, são apenas conceitos)?

2ª) Admitindo-se que são realidades, estas "são corporais *ou* incorporais"?

3ª) Admitindo-se que são realidades, estas "são separadas das coisas sensíveis *ou* só estão presentes nas coisas sensíveis"?

| A *LÓGICA MODERNA* |

Ora, Porfírio não avança nenhuma resposta, alegando que o assunto seria demasiado complexo para uma "introdução". No entanto, a pretensão de ser uma "introdução" é praticamente uma ficção literária. Ao que parece, a *Isagoge* faz parte do esforço de Porfírio para clarificar as próprias ideias e tentar convencer seu mestre, Plotino, a ser mais cuidadoso na crítica que faz à doutrina das categorias aristotélicas. O interlocutor a que se dirige seria antes seu próprio mestre do que o discípulo que o texto menciona. Portanto, é muito grande o número de pressupostos compartilhados e que podem ser aludidos, sem maior explicitação. Também estão claros, para eles, os temas que realmente estão em jogo: como se vê imediatamente, não são questões típicas de lógica (seja a antiga, a medieval ou a contemporânea), porque mais precisamente perguntam pela existência e pelo modo de existência de determinadas entidades. Ou seja, são questões metafísicas. Por fim, é verdade que, no século III, tais questões podiam ser estudadas numa vasta bibliografia facilmente acessível para o leitor de então da *Isagoge*. Mas na época de Abelardo, quase mil anos depois, praticamente todos esses livros já haviam se perdido para sempre, e mesmo as grandes obras que mais tarde foram recuperadas ainda não estavam disponíveis. E é isso que faz da referência de Porfírio aos universais um quebra-cabeça extremamente sedutor: estão apresentados os dados da questão, sabe-se que há uma resposta, mas o autor não diz qual é.

No comentário à *Isagoge* da *Lógica para principiantes*, Abelardo, com a falta de modéstia que sempre o caracteriza, afirma que tratar tais questões "não é para qualquer um", mas que "vamos resolvê-las".

Em primeiro lugar, constata-se que há, de fato, uma questão, porque, segundo Boécio, Platão sustenta que os universais têm verdadeiro ser (existem tanto estes homens individuais quanto, separado deles, o Homem), e, ao contrário, Aristóteles diz que essas realidades só subsistem nas coisas sensíveis (a espécie humana só se encontra nos homens individuais). Além disso, o próprio Aristóteles define o universal como "aquilo que é naturalmente apto a ser predicado de muitos", mas faz referência a "coisas universais". Ora, se o universal é um "predicado", então é uma palavra, pois só as palavras podem ser predicadas umas das outras. Parece que há discordância entre os autores e contradição no pensamento de Aristóteles. Lembre-se do prólogo do *Sim e não*: se *parece* que Aristóteles está se contradizendo, o mais provável é que ainda não tenhamos entendido o que ele diz, e que seja preciso analisar melhor o texto.

Temos a questão: os universais são coisas *ou* palavras? A argumentação de Abelardo desdobra-se em dois movimentos: no primeiro, faz a crítica das posições que afirmam que o universal é algo real. Concluído que o universal não pode ser algo como uma "coisa", só resta que seja "palavra". No segundo movimento, Abelardo expõe o que *significam* as palavras universais. Sim, porque a propriedade das palavras é justamente significar: significar coisas e relações entre coisas.

Note-se que a 2ª e a 3ª das questões de Porfírio exigem que se escolha a *primeira alternativa* da 1ª questão: "gêneros e espécies têm verdadeiro ser" (isto é, de algum modo, são como coisas). Só assim se podem discutir as questões subsequentes. Ora, Abelardo escolhe a *segunda alternativa*: "gêneros e espécies são apenas opinião" (isto é, só existem na mente). Então, a 2ª e a 3ª questões já não teriam sentido: não se pode discutir se gêneros e espécies são corporais ou incorporais quando se sabe que são concepções do espírito. Razão pela qual Abelardo precisa modificar o sentido das questões de Porfírio e acrescentar outras, aquelas que decorrem da sua própria posição. Em particular, ele formula a famosa questão acerca do *nome da rosa*: "se já não existisse nenhuma rosa, a palavra rosa teria significado?". Ou seja, o que é que dá significado a uma palavra? É preciso que ela se refira a uma coisa que existe?

A primeira teoria criticada é a dos que entendem que o universal é a essência das coisas singulares. Sendo assim, a espécie Homem é a essência ou substância de cada um dos homens e eles só se distinguem pelas formas ou acidentes. Dois homens, por exem-

| A *LÓGICA MODERNA* |

plo, Sócrates e Platão, têm a mesma essência/substância e são diferentes por aquilo que se ajunta à essência/substância, mas que não faz parte dela (digamos que Sócrates seja calvo, Platão, não). Do mesmo modo, todos os animais têm a mesma essência/substância, o Animal, mas são diferentes pelo que se ajunta a ela, as formas ou acidentes. Por exemplo, a racionalidade é a forma ou acidente que distingue os homens dos outros animais.

Do ponto de vista do historiador da filosofia, a terminologia parece bastante imprecisa: "essência ou substância", "forma ou acidente"; mas lembre-se que não é possível ler o principal da obra de Aristóteles na primeira metade do século XII nem, portanto, usar tais termos como ele o faz e como se fará nos séculos seguintes.

Os medievais não costumam citar o nome de contemporâneos, mas sabemos que Abelardo está apresentando a posição de Guilherme de Champeaux e a disputa que tiveram. Embora as autoridades pareçam corroborar tal teoria, ela é contrária à natureza das coisas. Sim, porque se entendemos que "a mesma essência existe em cada singular, esta substância que é afetada por estas formas é a mesma que é afetada por aquelas outras, de tal modo que o animal informado pela racionalidade é o animal informado pela irracionalidade". Ou seja, se dissermos que existe algo que é o Animal, esta coisa seria ao mesmo tempo racional e irracional, seria uma coisa contraditória em si mesma, o que é impossível. Nem tampouco haveria diferença entre indivíduos. Pois a essência ou substância de um animal como, por exemplo, Sócrates, seria a mesma essência ou substância de outro animal como, por exemplo, o asno Brunelo.

E Abelardo dedica-se a uma cuidadosa demonstração lógica de que, se tomarmos a posição de Guilherme de Champeaux, teremos de concluir que "o homem Sócrates é o asno Brunelo". Podem-se imaginar as risadas que essa argumentação deve ter suscitado na classe quando apresentada pela primeira vez, provavelmente na época em que Abelardo ainda era aluno de Guilherme.

A segunda teoria criticada – menos absurda, no entender de Abelardo – admite que as coisas singulares "são pessoalmente distintas nas suas essências" (o que faz a diferença entre duas coisas são essências diversas, e não apenas formas ou acidentes). Mas ainda mantém a universalidade das coisas: "coisas diferentes são o mesmo, não, por certo, *essencialmente*, mas *indiferentemente*, tal como afirmam que todos os homens distintos em si mesmos são o mesmo homem, isto é, não diferem na natureza da humanidade". Os que defendem essa teoria da "indiferença" se dividem entre duas variantes: a da "coleção" e a da "conveniência" (ou "combinação", ou "semelhança").

De acordo com a teoria da coleção, todos os homens tomados simultaneamente seriam a espécie Homem, todos os animais tomados simultaneamente seriam o gênero Animal. Quem a sustentava era Juscelino, bispo de Soissons, aliás, um feroz inimigo de Abelardo. Ora, tal concepção ignora a própria definição que exige que o termo universal seja predicado *de cada indivíduo*, o que não acontece com a coleção: não posso dizer de uma única borboleta que ela é uma "coleção de borboletas", mas posso dizer deste indivíduo que é Sócrates que ele é um homem, embora ele não seja a coleção dos homens. Ou seja, pensar o universal como uma coleção de indivíduos ou espécies é confundi-lo com a relação entre o todo e a parte. O indivíduo Sócrates não é apenas *parte* da espécie humana, ele *é* um homem. Além disso, o universal é anterior aos indivíduos, e a coleção, ao contrário, é formada a partir dos indivíduos. É porque uma borboleta é borboleta que ela entra na coleção. Portanto, o universal não pode existir como uma coleção.

Por sua vez, a teoria da "conveniência" (ou "combinação") chama "de universal cada um dos indivíduos na medida em que combinam com outros", como se disséssemos que Sócrates combina ou assemelha-se com muitos outros indivíduos que também são homens.

Segundo alguns historiadores (as atribuições são altamente controversas), esta era a posição de Valter de Mortagne, aliás, um correspondente de Abelardo. Para outros, a de Gilberto Porretano (mais tarde bispo de Poitiers), o principal mestre da Escola de Chartres em seu tempo e bastante próximo de Abelardo. Seja de um ou de outro (ou de ambos), isso, evidentemente, não impediu que fosse tão duramente criticada quanto as posições de inimigos como Guilherme de Champeaux e Juscelino de Soissons.

Embora muito menos grosseira, a teoria da "conveniência" (ou "combinação") também não se sustenta. Pois se "ser predicado de muitos" (a definição de universal) "é o mesmo que combinar com muitos", como se pode dizer que um indivíduo, Sócrates, por exemplo, "combina com muitos" e que a espécie, Homem, por exemplo, também "combina com muitos"? Assim não haveria diferença entre indivíduo e espécie: ambos "combinam com muitos".

Nem adianta tentar uma formulação negativa da teoria (como teria feito Guilherme de Champeaux quando, atacado por Abelardo, reformulou sua posição), dizendo que dois indivíduos "são homens porque *não* diferem no homem", que "Sócrates *não* difere de Platão no homem". Ora, aceitando que Sócrates é homem, e que no homem ele não é diferente de Platão, decorre logicamente que Sócrates não é diferente de Platão, o que é falso.

Conclusão: toda vez que se atribui universalidade às coisas, coletiva ou individualmente, se é levado a absurdos e contradições. E, principalmente, não se pode pensar o indivíduo. Para Abelardo, Porfírio bem que deveria ter acrescentado um sexto termo à sua lista: "indivíduo". Portanto, o universal não pode ser tomado como uma coisa. "Resta que confiramos essa universalidade apenas às palavras". A frase é simples, mas marca um momento crucial na História da Filosofia: o de uma primeira passagem da consideração das coisas à das palavras. A crítica de Abelardo às posições "realistas", que atribuem "realidade" ao universal, já é feita através da análise da linguagem, como, mais tarde, sua teologia também será uma análise da linguagem. Começa a "virada linguística" da Filosofia Medieval.

3. A posição de Abelardo

O universal é tão só um predicado, um predicado "de muitos". Do mesmo modo que "singular" é "o que se predica de um só" (como o nome de uma pessoa). Ser predicado é ser ligado a algo pelo verbo, no interior de uma proposição, ou seja, só na linguagem há predicados. Uma proposição é uma sentença da qual se pode dizer que é ou verdadeira ou falsa, isto é, uma sentença que indica "o estado da coisa". Para dar um exemplo atual, a frase "ideias verdes dormem furiosamente" é gramaticalmente bem construída (tem sujeito, verbo e predicado), mas não é uma proposição, não diz um "estado de coisas". A análise da construção das frases é tarefa dos gramáticos, a análise da predicação é o trabalho dos lógicos (e o conhecimento das coisas compete à "física", isto é, na terminologia de Abelardo, à metafísica). Aliás, Abelardo também escreveu uma *Gramática*, provavelmente um comentário de Prisciano, e uma *Retórica*, ao que parece, um comentário de Cícero, que, infelizmente, se perderam.

Não há "coisas universais", e o universal é uma palavra (mais tarde ele precisará: "uma palavra significativa"). Se é assim, a que se refere a palavra universal? Quais são suas propriedades? A crítica de Abelardo dissolve bom número de problemas, mas também suscita outros. Quando digo um nome, "Sócrates", por exemplo, eu o faço para que quem me ouça pense em determinada coisa, ou seja, para gerar na mente de meu interlocutor uma *intelecção*: a da "própria pessoa de um só homem", no caso do exemplo, Sócrates. No entanto, quando digo "homem", que intelecção pretendo que nasça na mente de meu ouvinte se essa palavra não corresponde a nenhuma coisa existente? É por isso que alguns (é provável que tenha sido o caso de Roscelino) chegaram à conclusão de que "os universais parecem completamente desprovidos de significação". "Mas não é assim".

Antes de apresentar a solução de Abelardo para a questão, vamos tentar indicar a extensão dos problemas com que Abelardo está trabalhando. Tomemos um exemplo moderno, de quando a

| A *LÓGICA MODERNA* |

questão já está suficientemente elaborada para poder despir-se da tecnicidade teórica e ser apresentada em boa forma literária. Em *Romeu e Julieta*, Shakespeare encena o que talvez seja o mais belo episódio da Querela dos Universais, a famosa Cena do Balcão.

Logo depois do baile em que se conheceram, ainda na mesma noite, Julieta debruça-se na sacada da varanda de seu quarto e fala, sem saber que está sendo ouvida por Romeu:

> Ó Romeu, Romeu! Por que és Romeu? Renega teu pai e recusa teu nome; ou, se não quiseres, jura-me somente que me amas e não mais serei uma Capuleto. Somente teu nome é meu inimigo. Tu és tu mesmo, sejas ou não um Montecchio. Que é um Montecchio? Não é mão, nem pé, nem braço, nem rosto, nem outra parte qualquer pertencente a um homem. Oh! Sê outro nome! Que há em um nome? O que chamamos de rosa, com outro nome exalaria o mesmo perfume tão agradável; e assim, Romeu, se não se chamasse Romeu, conservaria esta querida perfeição que possui sem o título. Romeu, despoja-te do teu nome e, em troca do teu nome, que não faz parte de ti, toma-me toda inteira! (II Ato, Cena 2).[1]

"Recusa teu nome, Romeu", começa ela. "Somente teu nome é meu inimigo". Compreendemos de imediato que as famílias Montecchio e Capuleto são inimigas; Romeu e Julieta, não. Mas Julieta é uma mocinha mais culta do que imaginamos. Ela conhece Romeu (embora ainda não tenham trocado nem cem palavras): "Tu és tu mesmo, sejas ou não um Montecchio". Para provar que isso é verdade, é necessário perguntar "o que é um Montecchio?". A resposta, nós sabemos, é questão de vida ou morte. Se Romeu é um Montecchio e Julieta uma Capuleto, eles são inimigos. Mas se, ao contrário, antes de serem Montecchio e Capuleto, são Romeu e Julieta, então sim, podem se amar.

"Montecchio – diz Julieta – não é mão, nem pé, nem braço, nem rosto, nem outra parte qualquer pertencente a um homem". Notemos: Julieta não diz que a *palavra* "Montecchio" nomeia este

---

[1] William Shakespeare, *Romeu e Julieta*, em *Obra completa*, tradução de F. C. A. Cunha Medeiros e O. Mendes, Rio de Janeiro: Nova Aguilar, 1969, 1988, p. 307.

ou aquele, isso ou aquilo. Diz expressamente que "Montecchio não é uma *parte* que pertença a um homem". Não há em Romeu uma *parte* dele que seja Montecchio (nela tampouco há uma parte que seja Capuleto). Se Montecchio não é parte da *coisa* que é Romeu, então é um *nome*. Ora, pergunta ela agora, "O que há em um nome?". O nome é parte da coisa? Não, responde ela: "o que chamamos de rosa, com outro nome exalaria o mesmo perfume tão agradável". Ou seja, os nomes são referências com as quais *nós* designamos as coisas ("o que *chamamos* de rosa..."); não fazem parte das coisas, não são da essência da coisa. Sendo assim, "Romeu, se não se chamasse Romeu, conservaria essa querida perfeição que possui". Então ela pode concluir: "Romeu, despoja-te do teu nome e, em troca do teu nome, que não faz parte de ti, toma-me toda inteira!". Sabemos que não é o nome "Romeu" que se opõe ao amor entre eles. Portanto, o nome de que Romeu deve despojar-se continua a ser o de "Montecchio".

"Romeu" é um nome pessoal, individual. Dá nome a esse rosto, essa mão, "essa querida perfeição". "Montecchio", não. É um nome genérico, de família, refere-se a muitos indivíduos e não se pode dizer que Montecchio nomeia esse ou aquele rosto, essa ou aquela mão, esse ou aquele homem: nomeia tanto o amado quanto o inimigo. "Romeu" designa distintamente uma pessoa, "Montecchio" designa confusamente, de modo indistinto, muitas pessoas. Do mesmo modo que tanto Julieta quanto seu primo Teobaldo são Capuletos. A conclusão de Julieta exige que se reconheça que Romeu é o indivíduo Romeu ("Tu és tu mesmo") e que esse indivíduo nada deve ao que é genérico (aqui, a família Montecchio). É porque tampouco "Capuleto" é "parte" de Julieta que ela pode se oferecer "inteira".

A tragédia toda se arma, opondo a individualidade de ambos aos laços familiares, genéricos. Claro que todos nós, os embasbacados espectadores, estamos do lado do casal e concordamos que eles estão certos ao afirmar sua individualidade contra os laços de família. O casamento, que faz de Julieta uma Capuleto-Montecchio e de Romeu um Montecchio-Capuleto, confirma que esses

| A *LÓGICA MODERNA* |

opostos são *apenas* nomes, pois não poderiam coexistir realmente, fazendo com que uma coisa fosse contraditória em si mesma. Mas o desenrolar da tragédia nos ensina que a questão não está resolvida: querendo ou não, Julieta é tão Capuleto que amaldiçoa a "natureza" daquela "alma de um demônio" que matou seu primo Teobaldo, isto é, Romeu. A morte de ambos no final mostra que, de algum modo, Montecchio e Capuleto são reais, embora não designem coisas. "Montecchio" e "Capuleto" não são coisa alguma e, ainda assim, são a causa da morte do trágico casal.

Não basta fazer a crítica das posições "realistas", nem se pode cair na tentação de simplesmente deixar para lá os nomes universais, como se fossem vazios de significado. "Não é assim", diz Abelardo, e, portanto, é preciso entender a relação entre as coisas – todas elas individuais – e as palavras, muitas das quais são universais. Quais são, então, "as propriedades das palavras universais"?

Em primeiro lugar, a palavra universal *significa* a semelhança comum de coisas distintas. Como Abelardo desviou a questão para o interior da linguagem, a noção determinante passa a ser a de significação, uma vez que esta é a principal propriedade das palavras: significar. Ora, significar, para Abelardo, é "constituir uma intelecção". Aqui a elaboração de Abelardo torna-se técnica e complexa. Por exemplo, distingue pelo menos seis tipos diversos de significação e, mais tarde, se verá obrigado a dedicar um tratado inteiro à noção de intelecção.

Desse conjunto temático, nascem três questões:

1ª) Qual a "causa comum" da semelhança que dá sentido ao universal?

2ª) Qual a "concepção da intelecção da semelhança comum das coisas"?

3ª) A palavra universal remete à causa comum na qual as coisas combinam (uma propriedade das coisas) ou à concepção comum que delas temos (uma concepção de nossa mente) ou, ainda, a ambas ao mesmo tempo?

Quanto à causa da semelhança, Abelardo responde que os homens, por exemplo, que são distintos pela essência e pelas for-

| 49 |

mas, "combinam naquilo que são homens". Ora, tal resposta parece desapontadoramente próxima da teoria da "conveniência" (ou "combinação"). Mas Abelardo precisa que, ao contrário de seus adversários, não diz que dois homens diversos combinam "*no homem*" (pois não há nenhuma coisa que seja "o homem"), "mas no *ser homem*".

A diferença é crucial: a semelhança não é uma coisa, não está numa coisa, ela se refere a um *estado*. Trata-se de apontar a diferença entre *ser* e *estar*. O *estado* não é uma coisa, mas um "modo de ser". Dizer que este e aquele "combinam no estado de homem" é dizer que nisto, "ser homem", não se diferenciam: "chamamos de estado de homem o próprio ser homem". A causa pela qual podemos dizer de dois indivíduos que ambos são "homens", isto é, podemos atribuir a ambos o predicado "homem", é que ambos têm um mesmo modo de ser.

Um dos grandes achados de Abelardo é que não é necessário que a causa de algo seja uma coisa. Exemplificando: digamos que alguém "foi espancado porque não quis ir ao fórum". Ora, "não ir ao fórum" não é coisa alguma (pois um ato é alguma coisa, mas a ausência de ato indica mera privação); no entanto, é causa do espancamento (do mesmo modo que Montecchio e Capuleto não são coisa alguma e ainda assim geram terríveis consequências).

Nossas proposições, ligando um sujeito e um predicado, não dizem as coisas, mas *estados de coisas*: unem indivíduos e relações. É aqui que Abelardo inscreve seu nome na História da Filosofia: até mesmo a terminologia que forja permanece viva. A mais influente obra lógica do século XX, o *Tractatus logico-philosophicus* de Ludwig Wittgenstein (ponto de partida da "virada linguística" da filosofia de nosso tempo), ainda se inicia afirmando que "... o fato é a existência de estados de coisas. O estado de coisas é uma ligação de objetos (coisas)...". Mesmo que as noções em causa já sejam bastante diversas, Abelardo, com certeza, se sentiria em casa numa discussão acerca do tema.

Por fim, Abelardo lembra que o "estado da coisa" depende, sim, da "natureza da coisa" (não é qualquer coisa que pode estar

| A *LÓGICA MODERNA* |

no estado de homem); portanto, as palavras universais remetem a algo real, mas lembra também que nós *não* conhecemos a natureza das coisas ("só Deus, que fez as coisas, conhece a natureza delas"). Nós só apreendemos os estados e é a eles que nos referimos quando falamos. Aliás, a matriz de que parte Abelardo é, surpreendentemente, teológica: Boécio usa o termo "estado" para indicar a distinção agostiniana entre a nossa *natureza* humana perfeita (porque feita por Deus) e o nosso *estado* decaído após o pecado de Adão e Eva.

Portanto, respondendo à primeira questão, a "causa comum" da semelhança que faz com que o universal não seja vazio de conteúdo e se refira a algo existente é o estado de coisas.

Mas a apreensão do estado de coisas refere-se a ele segundo uma determinada operação da mente: um certo tipo de intelecção. Daí a segunda questão: como se deve entender a intelecção do universal, isto é, que intelecção (modernamente diríamos "que ideia") se quer fazer vir à mente do ouvinte ou do leitor quando se usa uma palavra universal?

Antes disso, no entanto, o que é, para Abelardo, a intelecção? A palavra é usada tanto como verbo, designando o ato de inteligir, quanto como substantivo, designando o resultado do ato. O ato de inteligir é "uma certa ação da alma", semelhante à sensação, mas que, ao invés de apreender as coisas corpóreas, apreende "uma certa coisa imaginária e fictícia, que o espírito elabora para si mesmo e para o qual dirige a ação de sua inteligência". Imagem mental que é fruto de outra ação da alma: a imaginação. Não inteligimos as coisas, mas as *imagens* das coisas. Tanto as imagens quanto as intelecções podem (ou não) ser semelhantes às coisas, mas – é o que importa para Abelardo – não são as coisas.

Graças a isso, o espírito pode realizar sobre as imagens da alma uma operação que seria impossível em relação às coisas, isto é, a *abstração*. Quer dizer, segundo a concepção que Abelardo tem de abstração, focar a atenção em aspectos diversos da imagem mental. Pode-se focar a atenção, por exemplo, no corpo de Sócrates, no fato dele ser homem, em sua calvície. E desconsiderar todo o resto.

Pode-se dizer que a proposição "Sócrates é calvo" seja verdadeira, embora Sócrates não seja apenas isso. A intelecção apreende a imagem de modo *diverso* de como a coisa é, mas de modo *pertinente* à coisa. Por exemplo, não posso dizer que "Sócrates é de pedra". "O modo de inteligir é diferente do modo de subsistir": no modo de inteligir, o espírito pode compor o que existe separado (como diversos indivíduos) e desunir o que existe composto (como Sócrates e a racionalidade de Sócrates, ou sua calvície).

Ora, uma maneira de fazer abstração é justamente *isolar* a imagem das sensações (por exemplo, deixar de lado que Sócrates é calvo), *despi-la* de formas ou acidentes (por exemplo, ignorar que ele é filósofo) e *purificá-la* de distinções (eliminar as diferenças entre Sócrates e qualquer outro homem). Tal intelecção "isolada, nua e pura" é a intelecção do universal. Ou seja, respondendo à segunda das três questões, quando se usa uma palavra universal, o que se quer é que o ouvinte produza uma intelecção "isolada, nua e pura" (aliás, essa expressão é de Porfírio). Por isso, quando se ouve a palavra "Sócrates", se pensa no indivíduo; quando se ouve a palavra "homem", se pensa *no mesmo* indivíduo, mas sem aquilo que o caracteriza sensivelmente, sem suas diferenças acidentais e sem qualquer distinção. Desse modo, a palavra "homem" tanto nos faz pensar em Sócrates quanto em Platão, quanto em qualquer outro indivíduo humano, embora "confusamente", de maneira geral, ao invés de determinadamente, como ocorre com o nome próprio: "por meio de 'homem' tenho apenas a concepção, embora confusa, não distinta, de animal e de racional mortal, não, porém, dos demais acidentes". "O universal é como que o nome próprio desse tipo de intelecção".

Quanto à terceira questão, Abelardo limita-se a responder que lhe parece mais provável que os universais sejam determinados pela *causa* comum na qual as coisas combinam. No entanto, nada impede que sejam determinados pela *concepção* comum que temos de tais causas. Nem é impossível que haja uma combinação dos dois aspectos, ou seja, que dependa tanto das coisas quanto da mente.

| A *LÓGICA MODERNA* |

Abelardo percebe que sua posição abre um grande leque de problemas e possibilidades. Por exemplo, vimos a relação entre as intelecções e as coisas, mas qual a relação entre as intelecções e os nomes? Quando a alma sente e intelige ao mesmo tempo, ainda precisa recorrer à imagem? Se nossas intelecções dependem da sensação e da imaginação, não é melhor que digamos que nossa inteligência engendra antes uma "opinião" acerca das coisas do que conhecimento de sua natureza? Questões como estas decorrem da solução que Abelardo dá ao problema dos universais, mas já não fazem parte da solução do problema, razão pela qual podemos deixá-las de lado.

Isso posto, Abelardo responde às três questões de Porfírio:

1ª) Sim, os gêneros e espécies (os universais) subsistem, isto é, explica ele, modificando completamente a direção da pergunta de Porfírio, "*significam* algo verdadeiro": "significam coisas verdadeiramente existentes, as mesmas que os nomes singulares, mas de certa maneira, numa intelecção isolada, nua e pura". Enquanto Porfírio se pergunta pela *subsistência* (pela existência), Abelardo sempre responde com a *significação*.

2ª) Quanto a se os universais são corpóreos ou incorpóreos, depois de discutir as várias acepções em que esses conceitos podem ser entendidos, Abelardo reduz a questão à pergunta: "os universais significam os corpóreos ou os incorpóreos"? Significam os corpóreos, na medida em que se referem às "mesmas coisas que os nomes singulares", mas os significam incorporeamente, em virtude da intelecção "isolada, nua e pura" pela qual se diz o universal.

3ª) Quanto a se os universais *estão* nas coisas sensíveis ou separados delas, responde-se da mesma maneira, lembrando que *significam* tanto as coisas sensíveis quanto o que se intelige delas.

Mas Abelardo acrescenta que os universais também significam a ideia (o modelo) que Deus tem em si quando cria as coisas. Não concede que possamos conhecer este modelo, mas não nega que, na mente de Deus, ele seja real. Ou seja, trata-se de mostrar que não há divergência entre as autoridades, ou que a divergência e a contradição são só aparentes. Platão sustenta que os universais são as ideias, que existem e subsistem fora dos corpos, porque, diz Abelardo, "ele as coloca no *Noûs*" (isto é, na mente de Deus). Aristóteles, ao contrário, refere-se à existência em ato das coisas, nas quais os universais nunca são encontrados separados das coisas sensíveis (isto é, apenas significam, de modo determinado, coisas sensíveis). Mas, pela mesma razão, também pode falar em "coisas universais". O procedimento é expressamente aquele preconizado no *Sim e não*.

Aos olhos do historiador da filosofia, Abelardo apresenta-se como ainda pertencendo à família dos neoplatônicos, muito embora já com uma acentuada propensão a enfatizar a herança propriamente aristotélica. De modo muito esquemático, talvez não seja completamente falso dizer que a diferença entre Abelardo e cada um de seus adversários filosóficos se dá em relação ao grau de afastamento ou de proximidade com o aristotelismo.

Para terminar, resta a questão do nome da rosa, a 4ª questão (aquela que ainda ecoa no balcão de Julieta e no título do livro famoso de Umberto Eco), na qual se pergunta se é possível pensar as palavras separadas das coisas. Ora, se já não há rosas, não existem as coisas que poderiam ser denominadas pela palavra "rosa", mas o universal "rosa" ainda é significativo porque nada impede que permaneça na mente a intelecção de rosa e que uma proposição como "nenhuma rosa existe" continue a ser significativa. A intelecção e – portanto – a significação não dependem da continuidade da existência da coisa. "O modo de inteligir é diferente do modo de subsistir".

Até aqui apenas afloramos a produção filosófica de Abelardo. Resumimos de modo aproximado algumas das 30 páginas iniciais da *Lógica para principiantes*, embora o livro tenha mais de 500 páginas na edição atual. A *Dialética* é ainda maior. E nem fizemos referência a elaborações tão importantes, como, por exemplo, a teoria da proposição de Abelardo, ou a suas análises dos textos de Aristóteles.

Mas talvez seja suficiente para percebermos que, ao fazer a crítica das posições "realistas" de Guilherme de Champeaux e de

| A *LÓGICA MODERNA* |

tantos outros e, ao mesmo tempo, retificar a posição "nominalista" extremada de Roscelino, Abelardo abre um campo novo e rico, no qual pode brotar um projeto tão original quanto sua teologia. Uma vez lida a *Lógica*, é fácil entender por que a teologia de Abelardo é uma análise da linguagem e não faz, nem deve fazer, referência à realidade das coisas. Um campo no qual a noção de indivíduo adquire mais força do que em qualquer outro momento da história da filosofia até então. Afinal, "tudo o que é, é um", uma individualidade. De tal forma que passe a ter sentido narrar a história da vida de um indivíduo, tal como Abelardo faz na *História das minhas calamidades*. Campo no qual nasce a possibilidade de, pela primeira vez desde a Antiguidade, pensar, como veremos, uma nova concepção de ética. Ética que também ajuda a entender, em boa medida, as surpreendentes reações de Heloísa.

Capítulo V

A "NOSSA ÉTICA"

1. A *Ética*

Se a lógica de Abelardo é "moderna" (no sentido medieval do termo) e se sua teologia é uma ciência nova, ainda bem mais surpreendente é sua ética. Que os pagãos da Antiguidade se preocupassem em discutir acerca do bem e do mal nas ações humanas, é perfeitamente compreensível, mas os cristãos (assim como os judeus e os muçulmanos, em cada caso de maneira diferente) já não têm a Lei de Deus? Por que precisariam se perguntar "o que devo fazer?". Ou seja, por que não basta a teologia?

No entanto, Abelardo, ecoando as antigas lições inspiradas pelos filósofos estoicos, escreve uma ética, explicitamente intitulada *Conhece-te a ti mesmo*. A ética ou moral (Abelardo usa os dois termos sem distinção: "ética" é a transcrição da palavra grega que se traduz por "moral") trata das virtudes e dos vícios da alma que tornam os homens dignos ou de louvor ou de censura. Enquanto a teologia diz respeito ao Sumo Bem (que é Deus), a ética trata do que é bom e do que é mau *para os homens*.

Para que, ao lado da teologia, haja espaço para uma ética, é preciso, em primeiro lugar, separar o vício e o pecado: "o vício não é o mesmo que o pecado, nem o pecado o mesmo que a ação má", tampouco se pode confundir pecado e vontade má.

Aqui, Abelardo deve ter feito seus leitores de então saltar da cadeira: toda a tradição agostiniana resolve o problema do mal alocando-o na vontade humana. Como Deus é bom, tudo que criou também é. Se o mal não foi criado por Deus, qual é então sua origem? A resposta é que o mal nasce da vontade humana decaída. Deus criou o homem com uma vontade perfeita ("à imagem e semelhança de Deus"), mas, através de Adão, o Homem (toda a espécie) escolheu o mal. É a Queda, o Pecado Original. A *natureza* perfeita do Homem cai em *estado* corrompido, e a vontade humana deixa de ser livre, fica presa ao mal. Se for assim, parece não haver espaço para uma moral, qualquer que seja, porque os homens não podem, mesmo que queiram, fazer o bem; aliás, eles já nem sabem mais o que é bom, pois a condição humana atual também compromete a razão e a saúde do corpo. A questão passa a ser como restaurar a liberdade da vontade humana, ou seja, como Deus intervém para salvar o homem. Ao invés de uma moral, Agostinho – e a tradição que se apoia nele – propõe a doutrina da *graça divina*, um tema teológico, pois apresenta de que modo *Deus* restaura a natureza *humana*.

Ora, Abelardo conhece Agostinho muito bem. O suficiente para ver que esse raciocínio se apoia em premissas as quais ele não pode compartilhar. É certo que Adão pecou. Mas o que temos nós a ver com isso? Para que se possa dizer que "em Adão todos pecaram", é preciso entender que os homens individuais participam da essência do Homem. A noção platônica e neoplatônica de *participação* é a chave do problema. Do mesmo modo que Aristóteles dizia que era "amigo de Platão, mas mais amigo da verdade" e que não sabia o que pode significar a noção de "participação", Abelardo respeita Agostinho ("o maior dos teólogos"), mas não pode conceder, como sabemos, que os indivíduos participem "no homem". Porque se eles "participassem" de alguma coisa, já não seriam indivíduos (pessoas distintas). Para nós, os seres humanos, não existe nenhum "Homem", só homens individuais.

Assim como o pecado não é vício, nem ação má, nem vontade má, também não é fruto de uma natureza decaída: "muitos

| A "NOSSA ÉTICA" |

são propensos à luxúria ou à ira, por sua própria natureza ou por compleição corporal; no entanto, estes não pecam por serem como são". Como Abelardo não tem medo de escândalo, demonstra que não, não é pecado desejar a mulher do próximo, é natural e ninguém pode ser culpado pelo que é de sua natureza, uma vez que ninguém escolhe sua própria natureza... O que não quer dizer que se deva *consentir* nesse desejo.

O vício e a vontade má apenas nos inclinam ao pecado. Pecado é "desprezar a Deus", isto é, *não* fazer o que cremos que Deus exige que se faça, ou *não* deixar de fazer o que cremos que Deus proíbe que se faça. Abelardo insiste no caráter negativo da definição: "Quando definimos pecado negativamente, dizendo que consiste em não fazer o que convém ou não deixar de fazer o que não convém, tornamos patente que o pecado não é uma substância, uma vez que é antes um não-ser do que um ser, como quando definimos as trevas dizendo que são a ausência de luz, enquanto a luz tem ser". Ou seja, não se trata de voltar atrás em relação a Agostinho, que eliminou a positividade do mal (a concepção do mal como algo existente por si mesmo), mas de redefini-lo à luz dos ganhos teóricos conseguidos na crítica do "realismo".

Como se pode imaginar, Guilherme de Champeaux já havia bradado contra tal perspectiva, considerando um "enorme absurdo" que se pense que alguém possa ser condenado pelo pecado se o pecado não é uma coisa real. Mas sabemos que, para Abelardo, não é necessário que a causa de algo seja uma coisa.

O pecado ofende a Deus. Mas como um ser onipotente pode ser ofendido? De um único modo: pelo desprezo. Não há nada que se faça ou se deixe de fazer que possa molestar a Deus, exceto um movimento da alma: desconsiderar a onipotência divina, isto é, não reconhecê-lo como Deus. Não é o que se faz ou o que se quer fazer que é pecado, mas a *intenção* de desobedecer à lei divina. O *consentimento* interior ao que se opõe à vontade divina. Matar alguém ou cometer adultério, embora sejam crimes, são *ações* moralmente indiferentes – não são nem boas nem más; ter *vontade* de fazê-lo também é moralmente indiferente. A avaliação moral só recai so-

| 59 |

bre a *intenção*: pode-se não cometer tais ações apenas por falta de oportunidade ou por temor ao castigo. Mas se há a firme intenção de realizá-las se for possível e sem correr riscos, então o pecado já foi cometido, mesmo que a prática nunca ocorra. E, ao contrário, por mais que se desejem tais ações, se não se dá *consentimento* a tais vontades más, não há pecado. O pecado é uma questão de consciência.

Nós só conhecemos o Primeiro Livro da *Ética* de Abelardo, cujo tema é o vício e o mal. Do Segundo Livro, sobre a virtude e o bem, só temos a página inicial. Não é possível saber se o texto que chegou até nós é uma cópia incompleta ou se foi Abelardo que deixou inacabada a obra. Mas, como estamos vendo, embora o que conhecemos da *Ética* distinga vício e pecado, detém-se de fato na noção de pecado. Ou seja, parece mais um tratado teológico.

No entanto, não é assim, porque, do modo como Abelardo define pecado, ele se dá na consciência *humana*: "só há pecado contra a consciência". Note-se que Abelardo fala em *consciência*, não em *interioridade*, como Agostinho.

Para Agostinho, o movimento de autoconhecimento leva o homem a descobrir, no "interior do seu interior", aquilo que é a base de sua existência, Deus mesmo. A alma humana, na medida em que se purifica da vontade má, desvela progressivamente sua participação no fundamento de todas as coisas que são, que existem, isto é, sua participação em Deus: um movimento, no limite, de fusão com a divindade. Ora, como o aristotelismo de Abelardo exige o abandono da noção de participação, o exame de consciência só pode conduzir à compreensão da condição da alma em relação a Deus. A relação com Deus é de exterioridade, como a que se dá entre indivíduos diversos. Por isso é necessária uma ética, que oriente o exame de consciência, embora exija a contrapartida de uma teologia, que esclarece quanto a Deus, o polo a que se opõe a consciência individual.

Cabe a cada homem inspecionar a própria consciência, pois se não há acusação da consciência, tampouco há pecado. Este é o sentido do título da *Ética: Conhece-te a ti mesmo*. Agora sim podemos falar em ética. Ou melhor, podemos começar a tratar o tema, porque ainda falta um elemento fundamental: a norma que serve de critério para o exame de consciência. Sem ela, cada um poderia pretender definir seus próprios critérios de moralidade, e jamais se teria certeza de que tais "critérios" não seriam simplesmente ditados por interesses ou paixões. Se Abelardo parasse por aqui, bem poderia alegar que nem ele nem Heloísa pecaram, porque nunca tiveram a intenção de ofender a Deus. A moral naufragaria no que hoje chamaríamos de "subjetivismo".

Ora, do mesmo modo que cada indivíduo tem acesso à própria consciência, Deus tem acesso à consciência de cada indivíduo (assim como às paixões e aos interesses). É Deus que serve de norma moral. Por isso que Abelardo pode falar em "nossa moral", isto é, a moral *cristã*, contraposta à moral *pagã*.

Portanto, o exame de consciência deve ser feito tendo como norma "fazer a vontade de Deus". Submeter-se à vontade de Deus não é arbitrário, porque ela é sempre e sumamente racional. Não é por acaso que, para estabelecer uma ética, é preciso tratar mais do pecado do que do vício. O vício apenas faz com que a alma se incline para o mal, mas é o pecado, a intenção de desprezar a vontade de Deus, que é efetivamente mau. E contrário à natureza humana, porque é irracional.

Isso posto, como saber a vontade de Deus? A definição de pecado é muito precisa: pecado é "não fazer o que *cremos* que Deus exige que se faça, ou não deixar de fazer o que *cremos* que Deus proíbe que se faça". De um lado temos a racionalidade absoluta da vontade de Deus; de outro, a *estimativa* humana quanto ao que seja a vontade de Deus.

Provocador como sempre, Abelardo pergunta se os soldados que pregaram Jesus na cruz cometeram pecado. Não, diz ele, porque não sabiam o que faziam e não tinham a menor intenção de estar matando o Deus encarnado. No entanto, serão punidos assim mesmo, porque erraram quanto à efetiva vontade de Deus.

Uma coisa é o pecado, outra a culpa. É como no dito "Pecado" Original (Abelardo usaria aspas). Só os indivíduos Adão e Eva pecaram no começo dos tempos, e com eles morreu o pecado cometido. Mas como Deus, que é eterno e imutável, permanece irado com os homens, a culpa permanece. Para Abelardo, como sabemos, só na mente de Deus existe de fato o Homem, como espécie. Portanto, embora não seja possível cometer qualquer pecado logo ao nascer, os homens já nascem culpados, condenados pela ira de Deus. E precisam da graça redentora para se salvar.

Ou seja, o esforço humano para apreender a vontade divina é limitado por uma zona sombria para nós, que a razão humana não é capaz de penetrar. A ética da intenção de Abelardo é rigorosa nas suas exigências e encontra limites bem determinados.

As consequências de tais concepções para a vida da Igreja católica são avassaladoras.

Em primeiro lugar, se o pecado é um movimento da alma, no interior da consciência, só Deus pode julgar os pecados. Porque só Deus conhece a intenção e julga de acordo com ela, e não segundo o que os homens fazem ou dizem. Sendo assim, os homens não podem julgar os pecados. Estão limitados a julgar as ações e as palavras, segundo o critério da "utilidade comum". Aqui cabe uma concepção jurídica de direito que, apoiada na obra de Cícero, pela primeira vez desde a Antiguidade, volta a distinguir entre "justiça natural" (que expressa princípios gerais e que tende a se confundir com a ética) e "justiça positiva" (segundo as leis estabelecidas). Aliás, um dos aspectos mais influentes e "modernos" da obra de Abelardo.

Além disso, embora a intenção fosse o foco da moral desde a mais remota Antiguidade, era simplesmente ignorada pelos manuais de confissão da época, os chamados "penitenciais", que estabeleciam "tabelas" de penitências correspondentes aos variados pecados confessados ("por embriaguez, rezar tantas Ave-Marias; se for um padre, mais tantas; se for na Semana Santa, outras tantas"). Tal procedimento parece completamente ridículo para Abelardo e seus contemporâneos mais cultos.

| A "NOSSA ÉTICA" |

A questão agora é outra: se só Deus conhece a intenção, que sentido tem confessar os pecados e pedir ao padre a absolvição? Mais grave ainda: os bispos têm o poder de excomungar, de expulsar da Igreja? Para que os sacerdotes possam perdoar pecados ou expulsar da Igreja católica, é preciso que tenham o dom de discernir as almas. Mas sabemos que há muitos padres e bispos indignos. Principalmente bispos "simoníacos", isto é, que compram e vendem as coisas sagradas (como, por exemplo, trocar uma absolvição de pecados por uma "doação"). Não se pode dizer desses bispos que são "dignos sucessores de São Pedro" e que teriam, como ele, "as chaves do Reino dos Céus". Portanto, a resposta de Abelardo é taxativa: os bispos só podem expulsar da "Igreja presente", mas não da Igreja entendida como a comunidade dos que são salvos por Deus. Nesse caso, o julgamento só cabe a Deus.

É verdade que Abelardo recomenda submissão ao confessor e ao bispo, por mais indignos que sejam, mas apenas por humildade e por respeito à ordem. O poder da hierarquia eclesiástica se vê reduzido ao nível muito humano do "direito positivo", ordenado segundo o "interesse comum".

Embora as reações sejam muito duras, as questões levantadas por Abelardo continuarão a exigir novas definições por parte dos teóricos eclesiásticos, e, no fim do século XII, pelo menos a importância da consciência será definitivamente incorporada à doutrina católica, quando o papa Inocêncio III proclama, em nome da Igreja católica, que é pecado fingir que se acredita na doutrina: "mais vale sofrer uma excomunhão do que ir contra a consciência".

2. As *Conferências*

Pelo menos dois outros livros de Abelardo abordam questões éticas: o *Comentário da Carta de São Paulo aos Romanos*, de temática teológica, mas que, quando é o caso, remete o leitor para a *Ética*. E principalmente as *Conferências* (isto é, *Collationes*, ou, segundo o título tradicional, o *Diálogo entre um Filósofo, um Judeu*

| 63 |

e um Cristão, mas que provavelmente seria mais bem traduzido como "debate" do que "diálogo" ou "conferências").

As *Conferências* põem em cena três personagens: o *Judeu* e o *Cristão*, que defendem as respectivas religiões, e o *Filósofo*, um árabe (mas que não é muçulmano nem é religioso), que só reconhece os ditames da razão. O próprio Abelardo se reserva o papel de juiz entre eles, dada sua reconhecida superioridade intelectual (e absoluta falta de modéstia).

Debates religiosos literários não são incomuns. Por exemplo, na mesma época que Abelardo, e sem que houvesse qualquer contato entre eles, um poeta judeu que vivia no mundo muçulmano, Judá Halevi, escreve um diálogo bastante semelhante, mas no qual (como era de se esperar...) o judeu vence a disputa e o monarca que faz as vezes de juiz se converte ao judaísmo.

Nas *Conferências*, é o *Filósofo* que impõe que a base da discussão seja a ética, pois a regra da disputa impede o recurso às doutrinas religiosas, concebidas como *Leis divinas*, e como todos concordam que a autoridade não vale nada se não puder apresentar suas razões, o campo comum entre os três é a "lei natural", isto é, a ética.

O primeiro a falar é o *Judeu*, e sua "conferência" é uma bela exposição da religião judaica. Historicamente, é bastante provável que Abelardo tenha tido contato com intelectuais judeus e, como já dissemos, demonstra por eles um respeito pouco comum num momento em que as perseguições aos judeus são particularmente intensas e cruéis. Para Abelardo, matar e espoliar os judeus sob o pretexto de que "eles mataram Cristo", como se fazia então (e ainda se fez tantas vezes), é uma verdadeira blasfêmia. Como ele afirma no *Comentário da Carta de São Paulo aos Romanos* (e reafirma na *Ética*), "pode ser mais pecado comer uma fruta do que crucificar Jesus" (depende da intenção). O *Judeu* apresentado por Abelardo é talvez sua melhor passagem literária, pelo equilíbrio entre a exposição e a defesa dos princípios do judaísmo e pela dignidade com que denuncia as perseguições de que é vítima. Ainda que seja criticado pelo *Filósofo* e pelo *Cristão* porque, dizem eles,

| A "NOSSA ÉTICA" |

o judaísmo se manteria apegado à letra da lei, e não ao "espírito da lei", aliás, a crítica tradicional do cristianismo ao judaísmo.

Quanto ao *Filósofo*, embora seja apresentado vagamente como um árabe, suas concepções são aquelas dos filósofos que Abelardo conhecia melhor: os romanos Cícero e Sêneca, ambos contemporâneos do nascimento do Cristianismo, embora separados por uma geração. Ou seja, o debate entre o *Filósofo* e o *Cristão* é uma explicitação da diferença entre a "ética dos pagãos" e a "nossa ética" (cristã). Aliás, tal como eram lidos por Abelardo, a diferença não era tão grande assim. Por exemplo, a máxima segundo a qual "a verdadeira liberdade é obedecer a Deus" não é nem de Agostinho nem de qualquer dos Pais da Igreja – os grandes intelectuais cristãos da Antiguidade Tardia –, mas do próprio Sêneca. O *Filósofo* das *Conferências* pergunta expressamente ao *Cristão*: afinal, qual é a diferença entre a felicidade desejada pelos filósofos e o Reino dos Céus dos cristãos? "Que importam os nomes se as coisas são as mesmas? Trata-se da mesma felicidade, e os filósofos que vivem justamente não são diferentes dos cristãos pela intenção que os guia".

Também a noção de intenção está presente na história da ética pelo menos desde Aristóteles, mas é com os estoicos, em particular num autor como Sêneca, que ela adquire toda sua importância. Abelardo sabe que deve muito à ética estoica. Assim como deve a Agostinho em teologia e a Boécio em lógica. Uma forte razão para que as diferenças sejam muito bem determinadas.

Do mesmo modo que Abelardo acompanha Agostinho quando se trata de enfatizar a noção de intenção, mas deixa na sombra a ideia de Queda e consequente corrupção da natureza humana, também esclarece aquilo que o separa dos estoicos. Abelardo critica a proposta de eliminação das paixões, posição estoica que considera simplesmente irrealista: é impossível, diz ele, eliminar as paixões, e nem a razão nem a *Bíblia* exigem isso de nós. Mas a resposta do *Cristão* à pergunta do *Filósofo* sobre as diferenças entre ambos é taxativa: "nós não temos a mesma concepção acerca do que seja o Sumo Bem".

| 65 |

É nas *Conferências*, mais do que na *Ética*, que estão explicitados os pressupostos da ética de Abelardo: a ética é um complemento necessário da *Teologia do sumo bem* (e seus desenvolvimentos nas demais *Teologias*): assim como a teologia considera o que é o Sumo Bem em absoluto (Deus), a ética considera o que é o sumo bem humano. O bem humano é distinto do Bem Absoluto, mas é subordinado a ele. E a superioridade da "ética cristã" em relação à "ética pagã" está em compreender melhor o caráter do Sumo Bem. Os autores antigos, diz Abelardo, apenas se limitam a exemplificar os vícios e as virtudes, porque não conheceram corretamente a regra de distinção, o Sumo Bem absoluto.

Ao contrário do que talvez se possa pensar, os cristãos não conhecem Deus melhor do que os pagãos graças à revelação da Lei divina apresentada pela *Bíblia*. Para Abelardo, Deus se revela através da luz da razão, e a "inspiração" dos filósofos vale tanto quanto a dos profetas bíblicos. A superioridade da "ética cristã" decorre da argumentação filosófica, não da fé, ainda que, para Abelardo, a religião cristã permita uma compreensão muito melhor do problema.

Desse modo, Abelardo apresenta uma cerrada crítica da teoria segundo a qual todas as virtudes estariam conectadas, e, para que alguém tenha uma virtude, é preciso que tenha todas (não é possível ser justo sem ser corajoso, não é possível ser corajoso sem ser prudente etc.). Aqui, diz ele, é preciso lamentar que Cícero tenha cometido um erro (aliás, um erro lógico-gramatical). O *Cristão* o expõe e refuta longamente (neste campo, Abelardo se sente em casa), mostrando que a teoria da conexão das virtudes ignora "a distinção entre os indivíduos". Ora, recuperar a distinção entre os indivíduos também permite relacioná-los com a individualidade de Deus.

Embora Abelardo não o explicite, sabemos que, para os filósofos estoicos, a sabedoria consiste em se submeter aos ditames da Natureza, de tal modo que, no limite, os indivíduos se dissolvem nela. Assim como identificam Deus com a Natureza, inclusive na sua absoluta indiferença em relação aos homens. Ou seja, a regra

| A "NOSSA ÉTICA" |

moral "fazer a vontade de Deus" tem significado completamente diferente na boca de Sêneca e na de Abelardo.

Separando Deus e a Natureza (a ordem que Deus deu ao mundo, mas que é diferente dele próprio) e separando os indivíduos de Deus, o *Cristão*, ao contrário do *Filósofo* pagão, é capaz de conceber o caráter pessoal de Deus, a quem é possível votar "amor ou ódio", e pode ordenar a vida moral, não apenas em relação aos costumes estabelecidos, sempre relativos e mutáveis, mas em função da relação de cada homem com a infinita bondade e racionalidade de Deus.

Vale a pena lembrar que, embora as respostas de Abelardo já não sejam as nossas, muitas de suas questões, noutros termos, ainda são atuais, como aquela que se pergunta se a lei moral pode encontrar um critério geral ou é relativa à situação, aos costumes.

Assim como a *Ética*, as *Conferências* também são um livro inacabado (ou que parece inacabado – é difícil ter certeza). Talvez Abelardo tenha sentido dificuldades na apresentação de sua ética. Também não é fácil saber se ele resolve ou não a articulação de uma ética da intenção com a doutrina da graça, como seria necessário para uma ética cristã. Mas é certo que ele entende que o esforço vale a pena: o que são a *História das minhas calamidades* e as cartas de Heloísa senão um exame de consciência buscando o conhecimento de si mesmo?

Agostinho também narra sua vida nas *Confissões*, mas dadas suas concepções filosóficas e religiosas, quanto melhor ele se conhece, quanto mais intenso é o exame da interioridade de sua alma, mais ele se aproxima de Deus, mais *participa* da divindade. Para Abelardo (e mais ainda para Heloísa), o exame de consciência não pode levar além deles mesmos. Só o que podem pretender – e, como veremos, Heloísa o faz exemplarmente – é conhecer melhor os desejos e inclinações a que estão sujeitos, conhecer as intenções que movem suas ações. E se perguntar se elas são compatíveis com a vontade divina.

CAPÍTULO VI

A CORRESPONDÊNCIA DE
ABELARDO E HELOÍSA

1. Fuga e refúgio. Fracasso e sucesso

Pouco depois do concílio de Soissons, Abelardo voltou para Saint-Denis. Mas, como é fácil imaginar e como narra a *História das minhas calamidades*, não por muito tempo, não mais do que por alguns meses...

A abadia de Saint-Denis tinha por fundador e padroeiro o mártir São Dionísio. Dionísio, o Areopagita, que a *Bíblia* conta que foi convertido por São Paulo, o Apóstolo, quando pregou o Evangelho na cidade de Atenas. Segundo a tradição, o próprio Paulo teria confiado a Dionísio a missão de evangelizar a Gália, isto é, a França de então. Além disso, Dionísio era um grande filósofo. Um grego e, ainda mais, ateniense, da própria pátria da Filosofia. Suas obras haviam sido traduzidas para o latim ainda no século VIII e gozavam, merecidamente, de enorme prestígio. Não se podia querer um fundador mais respeitável. Era a título de primeiro mosteiro francês que a abadia de Saint-Denis reivindicava para si o privilégio de dar sepultura aos reis da França – até hoje, lá estão depositadas as efígies dos velhos reis de França, mesmo que muitas vezes tenha sido preciso colar de novo a cabeça ao corpo.

Abelardo, nas suas leituras, faz um grande achado: não havia nenhuma possibilidade de identificar o Dionísio convertido por

| 69 |

São Paulo com o Dionísio que fundara a abadia. Bem-humorado, uma vez mais "quase brincando" – e com boa dose de ingenuidade –, relata a descoberta aos confrades. O escândalo foi imenso: estava ameaçada a principal riqueza do mosteiro, sua tradição. Furioso, o abade Adão de São Dionísio, aquele a quem ele já ofendera tanto, denuncia Abelardo por crime de lesa-majestade. Atentar contra a abadia real era atacar a coroa.

Desesperado e temendo por sua vida, Abelardo foge para longe dos domínios do rei da França, buscando a proteção de Teobaldo II, conde de Champagne (e irmão de Estêvão de Blois, que pouco tempo depois seria rei da Inglaterra), um dos mais poderosos adversários do rei Luís VI. Depois de posto em segurança, Abelardo se defende, mas ao invés de voltar atrás, escreve uma longa carta provando, com seu inigualável talento de polemista, suas razões. E que, aliás, ilustram muito bem os procedimentos preconizados no Prólogo do *Sim e não*. De fato, hoje em dia sabemos que as obras que eram atribuídas a Dionísio são de um autor anônimo, que chamamos de pseudo-Dionísio (isto é, "o pretenso Dionísio"), que as escreveu muitos séculos depois do tempo de São Paulo, e que é preciso distinguir os muitos "Dionísios" desta história: o que foi convertido por São Paulo, o que escreveu os livros, o que fundou a abadia francesa.

Pena que o que estava em jogo não era uma questão de crítica histórica, mas o prestígio da abadia real e da coroa da França. Refugiar-se entre os adversários do rei só fez confirmar a má intenção que se atribuía a Abelardo. O pior é que fugir do mosteiro no qual ele fizera os primeiros votos, entre os quais, como sabemos, principalmente o voto de estabilidade, também era crime e sujeito a uma das piores penas da época, a excomunhão: ser expulso da Igreja católica. Contra essa ameaça, de nada valia que o conde se recusasse a "extraditá-lo".

Quando a causa de Abelardo parecia perdida, a morte do abade Adão abre a possibilidade de negociação. O jovem monge que foi eleito para substituí-lo era um homem prudente – a História ainda viria a falar dele, Abelardo também –, e Sugério, o novo aba-

| A CORRESPONDÊNCIA DE ABELARDO E HELOÍSA |

de de Saint-Denis, percebe que é melhor ceder à solicitação do poderoso Estêvão de Garlande, eterno advogado de Abelardo, e permitir que ele levasse sua vida longe deles, com a única condição de que não entrasse em outro mosteiro, o que seria considerado uma desonra para Saint-Denis.

Abelardo conta que recebeu de alguns amigos uma propriedade – em Quincey, sempre nos domínios do condado de Champagne, porque, afinal, não custa se precaver – na qual edificou uma humilde capela, dedicada à Trindade (tema de seu tratado de teologia recém-condenado) e que chamou de Paracleto, isto é, Espírito Santo, o Consolador. Estava disposto, como o combinado, a "viver em solidão": fórmula que define por excelência a vocação do monge. Mas, não fosse Abelardo quem era, a solidão durou muito pouco tempo.

Logo se repete a cena passada no priorado de Saint-Denis e aflui ao local uma multidão de estudantes. Abelardo os descreve como "filósofos" que se refugiam no "deserto" para que o tumulto da cidade não lhes "amoleça as forças da alma", e também como os discípulos dos profetas, os monges do passado. A descrição bem poderia ser a da fundação de um novo mosteiro. Mas parece que o espírito das cidades não os abandona, nem a Abelardo (ainda mais que só por licença poética se pode chamar a rica, cultivada e opulenta região de Champagne de "deserto"). Os estudantes são *como se fossem* monges", diz Abelardo, que sabe muito bem que eles permanecem sendo estudantes. Não se trata de fundar um novo mosteiro, mas uma nova escola.

Abelardo, dizendo-se "incapaz de cultivar a terra e com vergonha de mendigar", volta ao ofício que sempre foi o seu: o de professor. Nem o trabalho manual preconizado pela tradição beneditina, nem, muito menos, o elogio da pobreza que farão, no século seguinte, franciscanos e dominicanos, os frades das grandes ordens mendicantes. Exprimindo a nascente mentalidade urbana, Abelardo só se reconhece na dignidade de sua profissão.

Os estudantes, voluntariamente, se ocupam de toda a administração, deixando ao mestre o tempo necessário ao estudo, e são em número suficiente para que seja possível substituir o pequeno oratório coberto de palha por uma igreja de pedra e madeira. Igreja batizada, uma vez mais, de Paracleto, o Consolador.

Para Abelardo, é uma época de intensa produção intelectual. Mas era bom demais para durar. Ao que ele nos conta, como sua fama continuava a correr o mundo, terminou por despertar a inveja de muitos, segundo os quais não seria correto para um cristão dedicar uma igreja a apenas uma das pessoas da Trindade. Abelardo se defende extensamente, pois não se trata de um pormenor insignificante: lembre-se que já em Soisson ele fora injustamente acusado de ensinar que a Trindade seria composta de "três deuses", acusação que pesa sobre os "nominalistas" desde o ataque de Anselmo de Cantuária a Roscelino. O nome da igreja do Paracleto não seria a confirmação dessa heresia?

Muito pior ainda, passa a ser perseguido por dois "novos apóstolos", que o difamam de tal maneira que mesmo seus amigos se afastam dele. Embora possa não parecer, a designação de "novos apóstolos" é particularmente corrosiva: em geral, em toda a Idade Média, a designação de "novidade" é extremamente negativa, pois indica algo "novo" em relação à antiguidade (e, portanto, à pureza) da tradição cristã. Qualquer leitor da época entende que os "novos apóstolos" se opõem aos "velhos" (e verdadeiros) apóstolos cristãos. É particularmente difícil saber a quem Abelardo está se referindo com tanta violência. Ainda que não se possa ter certeza, os historiadores costumam achar que ele está falando de São Norberto de Xanten, o fundador da ordem dos premonstratenses, e de ninguém menos do que São Bernardo, o ardoroso porta-voz da ordem cisterciense. Seja como for, é certo que nunca houve simpatia entre ele e os cistercienses, que mais de um de seus amigos ou discípulos, como Guilherme de São Teodorico e Godofredo de Auxerre (que passou a ser secretário de Bernardo), tornaram-se encarniçados inimigos depois de aderir à posição dos cistercienses (aliás, ambos escreveram biografias de Bernardo). E se é esse o caso, realmente Abelardo tinha um grande problema pela frente. Os dois religiosos, principalmente Bernardo, são imensamente influentes.

| A CORRESPONDÊNCIA DE ABELARDO E HELOÍSA |

Influência política, mas principalmente liderança moral e espiritual. Vejamos um único exemplo: Bernardo também tinha péssima opinião sobre o velho abade Adão de São Dionísio e, assim que Sugério toma posse do cargo, conclama o novo abade a pôr ordem na casa. A reação da nova geração de monges é lenta, mas firme. Não demora a que uma nova carta de Bernardo venha comemorar que na antiga "sinagoga de Satã e oficina de Vulcano" agora tenha asilo "a disciplina, o estudo e a silenciosa meditação". Bem nos moldes do caráter de administrador do abade que um dia viria a governar todo o reino, Sugério nos conta que começou a reforma espiritual da comunidade pela reparação das portas da abadia. Agora elas poderiam ser fechadas e não mais seria preciso tolerar a constante presença de nobres e de damas, seus cavalos e criados, até então acostumados a frequentar Saint-Denis como um lugar de recreio e mesa farta.

Assustado com a possibilidade de uma nova condenação (e talvez obrigado a enfrentar dissensões na comunidade de estudantes), o desânimo de Abelardo é tão grande que ele chega a cogitar mudar-se para o Islã – isto é, para Al-Andaluz, a Espanha muçulmana, logo depois das montanhas –, onde poderia viver sua fé cristã em paz, "apenas pagando o imposto devido" pelos não muçulmanos, e onde os inimigos de Cristo talvez fossem mais caridosos do que seus adversários. Por mais improvável que fosse tal mudança, convém lembrar que, bem ao contrário de Bernardo, avesso a qualquer diálogo, e de Pedro de Cluny (que propicia alguma controvérsia com os muçulmanos, ao invés de apenas o confronto das cruzadas, mas que ataca duramente os judeus), Abelardo manifesta um respeito pouco comum na época por judeus e muçulmanos (como o ilustram, nas *Conferências*, as figuras do *Judeu* e do *Filósofo*, um "filho de Ismael", isto é, um árabe, ainda que imaginário).

Aliás, se Abelardo realmente tivesse se refugiado em Al-Andaluz, poderia ter aprendido a *Física* de Aristóteles com ibn Badjdja (que depois será chamado na Europa cristã pelo nome de Avempace) e talvez conhecesse em Córdoba um menino que no futuro seria considerado pelos medievais como O *Comentador* por excelência de Aristóteles: ibn Rušd, chamado pelos latinos de Averróis...

De fato, parece que a situação estava se deteriorando rapidamente, tanto que aliados e adversários se unem para propor-lhe uma saída honrosa, no velho estilo eclesiástico de "promover para remover". Ao cabo de complexas tratativas políticas, Abelardo é eleito abade em Saint-Gildas-de-Rhuys, no extremo oposto do país, na sua Bretanha natal. Apesar da proeminência da abadia, ele aceita o cargo sem se deixar nem enganar, nem humilhar: "a inveja dos franceses me expulsou para o Ocidente como a inveja dos romanos expulsou Jerônimo para o Oriente". Abelardo sempre encontrou consolação em se comparar com o grande Jerônimo, o tradutor da *Bíblia* para o latim e contemporâneo de Agostinho.

A missão de Abelardo é reformar a abadia de Saint-Gildas (e, embora ele não o diga, fortalecer os laços de submissão da Bretanha à coroa da França). A Bretanha de então era o oposto da civilizada Provença. O senhor do lugar é um tirano, os monges são bárbaros, indisciplinados e sem lei. Abelardo não tem a menor chance de fazê-los renunciar a suas mulheres e filhos, a suas rendas, à vida secular que levam. Em pouco tempo está em aberto conflito com seus monges, que reagem violentamente: tentam seguidamente envená-lo (inclusive usando o cálice da missa) e armam emboscadas. Uma queda numa cavalgada compromete seriamente sua saúde. Abelardo, o abade, é um fracasso completo.

Bernardo comandava já centenas de mosteiros cistercienses (mais de trezentos, dezenas dos quais fundados pelo próprio Bernardo), os dos "monges brancos", com seus hábitos de lã crua, de cor oposta aos hábitos negros dos monges da poderosa e riquíssima abadia de Cluny (matriz de outra rede de mosteiros que cobria toda a Europa), e dirigida então pelo impoluto Pedro de Cluny. Bernardo também está ligado a uma instituição completamente nova: os Templários, a *"nova milícia"* de Cristo, uma ordem de "monges" combatentes, com tudo que a ideia tinha de contraditório e, no entanto, para o bem e para o mal, fadada a um importante

| A CORRESPONDÊNCIA DE ABELARDO E HELOÍSA |

papel histórico. Guilherme de Champeaux havia organizado os canônicos de Saint-Victor: uma inovação radical (que sempre desagradou Abelardo), algo como uma ordem religiosa urbana, em plena Paris. Desde a partida de Abelardo, os vitorinos, Hugo de São Vítor à frente, dominavam o ensino de teologia em Paris. Norberto de Xanten, com seus premonstratenses, seguiu com sucesso uma receita algo semelhante e, no fim da vida, será chanceler imperial da Itália, assim como Sugério, o reformador de Saint-Denis, será regente de França. Estava em seu apogeu a reforma da Igreja católica, que começara uma geração antes, com a famosa Querela das Investiduras, uma dura disputa contra a interferência dos senhores seculares na vida da Igreja e que termina com a Concordata de Worms, negociada com o imperador alemão por Guilherme de Champeaux, como representante do papa.

Lembre-se ainda que os grandes abades do século XII, como Bernardo de Claraval, Sugério de São Dionísio e Pedro de Cluny (mais tarde chamado de "Pedro, o Venerável" pela Igreja católica e de "o *gentleman* da Idade Média" pelos historiadores), embora não sejam filósofos como Abelardo, são homens de extraordinária cultura, que escrevem obras importantes num latim fluente, perto do qual o latim escolástico dos séculos XIII e XIV faz figura de língua bárbara. Étienne Gilson, o maior historiador da filosofia medieval de nossos tempos, comenta que Bernardo, em particular, estava disposto a renunciar a tudo, menos ao bom estilo literário.

Abelardo, ao contrário desses abades tão bem-sucedidos, não era um homem de ação. No entanto, o completo e miserável fracasso como abade de Saint-Gildas será amplamente compensado quando ele funda e organiza uma nova instituição de vida religiosa através daquilo que sabia fazer: uma intervenção teórica.

Sugério reformara o modo de vida de Saint-Denis, mas nunca se deixou convencer pelos reclamos de sobriedade de Bernardo – quase que um elogio da pobreza –, tampouco Pedro de Cluny, "o rei dos monges", abade da maior e mais opulenta abadia da cristandade. Que abade dispensaria o séquito de cavaleiros e serviçais que o acompanha em suas viagens? A separação entre o religioso

| 75 |

e o secular ainda encontrava seu limite na posse muito mundana de terras e riquezas. Sugério, em particular, dedica-se a restaurar e aumentar o patrimônio de sua casa monástica. Começando por cobrar antigas rendas que já não eram pagas, por recuperar propriedades que haviam sido desviadas. Ora, entre elas, Sugério reclama a propriedade do mosteiro de Argenteuil, onde, naquele momento, Heloísa era a superiora.

Nada de pessoal contra Heloísa ou contra Abelardo. Sugério entendia que se tratava de fazer respeitar um direito e tinha os meios necessários para fazê-lo respeitar. Mesmo os historiadores que escreveram as biografias atuais de Sugério com particular carinho são constrangidos a convir que este processo não foi um modelo de lisura (outros historiadores falam em falsificação de documentos e em difamação: na época, as lutas pelo controle de propriedades eclesiásticas eram muito frequentes e violentas). Seja como for, Heloísa e suas monjas são simplesmente postas na rua.

Abelardo vem em socorro da esposa, note-se bem, da "esposa", não da "ex-esposa", lembrando que a condição de religiosos de ambos não anulava a obrigação de amparo para com aquela que agora era sua "irmã em Cristo", mas para sempre "sua esposa". Mesmo como abade na Bretanha, ainda era o titular das terras do Paracleto, aliás, todo seu patrimônio. Ele o doa integralmente a Heloísa. Enfim, o Paracleto se torna um mosteiro e destinado a sobreviver por muitos séculos.

O Paracleto é um mosteiro feminino, o que não é nenhuma novidade. Mas Abelardo e Heloísa, igualmente solidários nesta empreitada (afinal, ela já não é mais a adolescente parisiense), desenvolvem a mais ampla reflexão sobre a condição feminina – em particular, a das religiosas – que o século XII conheceu. Heloísa alega que o regulamento dos mosteiros masculinos não é adequado para uma comunidade de mulheres, levando Abelardo a redigir novos estatutos para o Paracleto, o mais extenso e profundo documento de organização da vida religiosa que se escreveu na época. Como se pode esperar, a ênfase nos estudos mostra que este era

| A CORRESPONDÊNCIA DE ABELARDO E HELOÍSA |

um campo em que efetivamente nenhum dos dois faria qualquer concessão à "fragilidade feminina". Também por demanda dela, ele redige sermões para serem lidos durante todo o ano litúrgico. E compõem o Hinário do Paracleto.

A segunda metade do século XII conhecerá uma verdadeira revolução estética. Seu aspecto mais fulgurante é a construção das magníficas catedrais góticas, que cobrirão a Europa "como um manto branco de igrejas", para usar a bela expressão de um cronista da época. Também a música, embora mais tarde venha a ser chamada de "música antiga", será, ao seu tempo, de um estilo tão novo que permitirá a formação da primeira escola musical da Idade Média, e o maior compositor da época entrará para a História apelidado de Perotinus Magno: Pedrinho, o Grande. O Hinário do Paracleto e suas peças complementares, em particular os *Lamentos* compostos por Abelardo, já prefiguram o futuro estilo poético dos goliardos, os poetas satíricos das Escolas urbanas, e a nova música que começa a nascer.

O desastre de Saint-Gildas é compensado pelo sucesso de Heloísa no Paracleto, universalmente celebrado. Até mesmo por São Bernardo. Além do que, ao contrário de Abelardo, ela sabe administrar. Em pouco tempo, o novo mosteiro acumula mais e mais terras e doações, inclusive do rei Luís VI, e vem a ser posto sob a proteção direta do próprio papa, Inocêncio II. No futuro, será uma das mais aristocráticas abadias da França.

2. As cartas de Heloísa

As intervenções literárias de Abelardo no Paracleto são motivadas pela *História das minhas calamidades*. Escrita como uma "carta de consolação" – um gênero literário que remonta à Antiguidade e que é muito praticado na Idade Média –, endereçada a "um amigo" (provavelmente fictício), ela chega às mãos de Heloísa, que se apressa em respondê-la. Heloísa lamenta a sorte de Abelardo, pois a narrativa termina com Abelardo desesperado com o destino que o aguarda nas mãos de seus monges amotinados. Mas também reclama do silêncio de Abelardo: por que abandonou a ela e a suas "filhas"?

É verdade que a *História das minhas calamidades* apresenta o "exame de consciência" de Abelardo, mas também é bastante provável que não se trate apenas de prestar contas do passado, mas de justificar aquilo que Abelardo está pretendendo fazer, isto é, abandonar seu "ofício" de abade. Nós sabemos, por outros testemunhos, que ele o fez e que retornou a Paris como professor. E não há registros de que tenha sido recriminado por isso, apesar do insólito da situação. Ou seja, esse aspecto instrumental posto em prática na *História das minhas calamidades* parece ter funcionado.

Mas não com Heloísa. Mais uma vez, não estava nos cálculos de Abelardo a reação de Heloísa à leitura da biografia de ambos. Ou melhor, à versão de Abelardo.

Como já vimos, Heloísa repreende Abelardo por ter passado em silêncio sobre as razões pelas quais *ela* preferia "a liberdade ao vínculo conjugal": "Jamais – Deus o sabe! – procurei em ti senão a ti mesmo". Jamais quis o casamento, ou as honras de ser a mulher de Abelardo, ou seus bens, nem os próprios desejos e vontades, ou fosse o que fosse, exceto a ele mesmo, o amado. O tom da carta é apaixonado e duro. A contraditória expressão de Abelardo, "ordenei que tomasse o véu e ela o fez espontaneamente...", não fica impune: "não foi o amor pela vida religiosa, mas somente uma ordem tua que levou uma jovenzinha às asperezas da vida monástica" (Abelardo, mais tarde, concede que se trata de uma reclamação "antiga e frequente"). Não houve nenhuma "espontaneidade" nos votos religiosos, portanto – a conclusão é implacável – esta vida religiosa é falsa e hipócrita: "nenhuma recompensa devo esperar de Deus, pois nada fiz por seu amor". No entanto, o pior, no entender de Heloísa, é que obrigá-la a se tornar monja soou como falta de confiança: como Abelardo poderia temer que ela o traísse?

Heloísa reafirma seu amor por Abelardo, tão vivo quanto sempre (já estão separados há uns dez anos), pede que ele escreva, que a ajude a ser uma verdadeira monja, e despede-se: "Adeus, meu único". "Único amor", por certo, mas em sentido quase blasfematório, excluindo não só qualquer outro homem, excluindo também a Deus.

Pode-se imaginar o abalo de Abelardo ao ler a carta de Heloísa. Tanto que a resposta é gélida e formal, restrita a piedosas considerações religiosas que poderiam ter sido endereçadas a qualquer correspondente. Heloísa volta à carga. Na segunda carta, começa corrigindo a despedida da anterior: agora, escreve "a seu único, *depois de Cristo*". No entanto, o tema é o mesmo: Heloísa ama mais a Abelardo do que a Deus. Se ambos são castigados por seus pecados, ela não tem perdão, porque continua amando esses pecados. Não poupa reminiscências e faz uma verdadeira análise de seus sentimentos atuais:

> as volúpias amorosas que juntos experimentamos foram tão doces que nem me aborrecem nem podem ser apagadas de minha memória. Para onde quer que eu me volte, estão presentes aos meus olhos com seus desejos. Nem quando durmo me poupam de suas ilusões. Durante a própria solenidade da missa, na qual mais pura deve ser a oração, as imagens obscenas daquelas volúpias cativam minha alma tão miserável e entrego-me mais àquelas torpezas do que à oração. Quando devo lamentar por tê-las cometido, suspiro pelas que perdi. E não apenas o que fizemos juntos, mas também os lugares e o tempo nos quais o fizemos, estão gravados na minha alma, como se neles o estivesse fazendo contigo. Nem dormindo descanso. Algumas vezes, os movimentos de meu corpo ou palavras que não consigo evitar mostram os pensamentos de minha alma. Ó miserável de mim!...

Não é possível ser mais veemente. Como Heloísa foi a melhor discípula de Abelardo, sabe que a situação é particularmente desesperada. Aprendeu com ele que a tentação não é pecado (quem poderia livrar-se da tentação?), mas que é pecado consentir com o que se sabe que não se deve fazer. Ora, ela consente prazerosamente. Aprendeu que nenhum ato é pecado: pecado é a intenção de cometer aquilo que se sabe que não se deve fazer. Ora, ainda que ela aja como uma piedosa abadessa, preferia poder agir como mulher apaixonada. Aprendeu que a confissão dos pecados só é eficaz quando há arrependimento. Mas ela não está arrependida. Não é por acaso que a palavra "hipocrisia" aparece tantas vezes em suas cartas: "Dizem que sou casta, não percebem que sou hipócrita" (até Abelardo se engana). O pior não é que deseje a seu marido (para Abelardo e para ela, o desejo não é pecado, é natural), mas que saiba que o ama mais do que a Deus. Desse modo, diz ela, "nenhuma recompensa haverei de ter no futuro". Ainda assim, que as exortações de Abelardo a ajudem a se redimir e a conquistar "um canto qualquer no Céu".

Abelardo responde dizendo que não vai se desculpar (que desculpas seriam aceitáveis?), mas tentar remediar. Insiste que não podia crer que ela ainda suspirasse por ele. Agora rememora, ele também (e com riqueza de detalhes), os "pecados" passados. Mas insiste que os sofrimentos de ambos são a caridade de Deus para purificá-los: sendo punidos, escapam de um mal maior, a condenação eterna. Desta vez, o texto é extremamente elaborado e tem início com um belo elogio da "Esposa", isto é, de um comentário do livro bíblico *Cântico dos Cânticos*, no qual a "Esposa" que deseja o "Esposo" é interpretada como a Igreja (a "esposa de Cristo") e como a alma – um tópico recorrente da retórica religiosa do século XII (a principal obra de Bernardo é um comentário deste livro) –, mas que aqui se converte também num elogio das mulheres e da mulher em particular, Heloísa. Abelardo termina por se render: confessa que, em comparação com ela, mais a desejou do que amou. Mas não cede e reafirma que apenas Deus não procura nela senão ela mesma.

Não seria demais acreditar na surpresa de Abelardo, mas também é difícil que o leitor de hoje não fique irritado com a "insensibilidade" de Abelardo. Ora, é provável que a figura da grande apaixonada esteja sendo encarnada por Heloísa justamente pela primeira vez na História. Desde sempre o amor fora visto como uma doença, uma patologia a ser extirpada. O sinal começa a inverter-se com a noção agostiniana de amor de Deus, tão bem expressa na famosa máxima: "ame e faça o que quiser". Note-se: "ame" a Deus.

| A CORRESPONDÊNCIA DE ABELARDO E HELOÍSA |

Para Agostinho, aquele que busca se conhecer encontra, no "íntimo de seu íntimo", a Deus. Amando a Deus, ama a si mesmo e ama a todos, pois Deus é que dá realidade a tudo que existe.

Mas Heloísa aprendeu com Abelardo que "conhecer a si mesmo" está limitado ao âmbito da própria consciência. Desse modo, assim como a identidade individual está firmemente preservada (trata-se da principal preocupação filosófica de Abelardo), o amor que Heloísa não pode extirpar de sua alma também é por um homem individual: Abelardo, "meu único". É um amor de intenções puras (porque do amado não deseja senão ele mesmo) e não uma paixão espúria. Preserva, portanto, a positividade que Agostinho atribuiu à noção de amor, mas sem que possa ser transferido para Deus e, através dele, para tudo e para todos.

Heloísa tira as consequências inevitáveis da ética de Abelardo, na qual Deus aparece como um insondável polo de racionalidade e universalidade da lei moral, inalcançavelmente distante. Muito parecido com o Deus de Sêneca, autor que Heloísa cita tanto. Ou seja, a defesa da consciência individual também cobra seu preço. E o que parece "insensibilidade" de Abelardo talvez não seja mais do que impotência para acompanhar a radicalidade e lucidez com que Heloísa aplica suas "novidades" filosóficas e teológicas e afirma uma paixão nova: o amor.

Pouco tempo depois, já não seria tão difícil entender Heloísa: toda uma nova literatura, chamada de "poesia cortês", se consagrará a exaltar o *fin'amour*, o amor de intenções puras. Não por influência direta de Abelardo e Heloísa, mas porque o tema estava se impondo na cultura a que pertencem.

É preciso lembrar que quase todas as personagens que citamos até agora estão envolvidas em intensas mudanças (apesar do manifesto desprezo de todos pelas "novidades"...): Anselmo de Laon e sua Escola organizando a nova "glosa" da *Bíblia*; Guilherme de Champeaux, com sua ordem conventual urbana. As novas formas de administração financeira de Saint-Denis implantadas por Sugério – sem falar das arrojadas inovações arquitetônicas da igreja que faz construir –, e cuja vida é um exemplo de mobilidade social: o filho de plebeus que se vê alçado à regência da França. Pedro de Cluny patrocinando nada menos do que uma tradução latina do *Alcorão*, as Sagradas Escrituras dos muçulmanos (e algumas das primeiras traduções de Aristóteles).

Inclusive Bernardo, que não apenas participa da criação da "nova cavalaria" (neste caso, ele não se recusa a elogiar a "novidade"...), não apenas celebra literariamente uma nova espiritualidade, como também impõe a Clairvaux um padrão de austeridade de novo tipo: a abadia aceita doações, desde que elas não envolvam direitos; muito especialmente, não aceita receber domínios, evitando, assim, sua contraparte de obrigações para com o doador. Ou seja, pretende manter-se à parte da teia de relações feudo-vassálicas que são a própria tessitura das relações socioeconômicas de então (o que equivaleria, atualmente, a uma fundação que recusasse a doação de propriedades lucrativas). Ao mesmo tempo, os cistercienses concorrem ativamente para o desenvolvimento tecnológico, principalmente através da utilização intensiva de moinhos.

Cada qual a seu modo, os grandes nomes da primeira metade do século XII são, todos, grandes inovadores. Ou, como diziam eles, são "modernos". Assim como são novas a teologia e a filosofia, a jurisprudência, as artes e as letras, e, em particular, é novo o motor de todas essas transformações: as cidades e seu modo de vida novo. Abelardo e Heloísa são protagonistas desse extraordinário Renascimento. Assim como os demais, tampouco foram capazes de abarcar o conjunto das mudanças que se operam então.

Aqui, Abelardo não foi capaz de ir tão longe quanto Heloísa. Então, ao ler a segunda resposta de Abelardo, ela se cala. É o famoso "silêncio de Heloísa". Acata, como sempre, a vontade do Amado, mas não há por que dizer que tenha se submetido, apenas silencia sobre seus sentimentos e propõe que doravante a correspondência de ambos se limite a questões teóricas e temas religiosos.

É a ocasião para que Abelardo redija as *Regras* do Paracleto, componha o *Hinário* e escreva os sermões. E para redimir sua memória: também escreve pequenos hinos, chamados *Lamentos*, nos quais, por trás da aparência religiosa, qualquer leitor (ou ouvinte),

| A CORRESPONDÊNCIA DE ABELARDO E HELOÍSA |

de então como de hoje, percebe de imediato o quanto Abelardo lamenta a perda da Amada.

Além disso, uma das peças desse intercâmbio epistolar é particularmente interessante: Heloísa formula uma série de 42 perguntas teóricas para que Abelardo as responda. Em geral, ela pergunta pelo significado de passagens bíblicas, mas algumas das questões são bem mais elaboradas, permitindo, melhor do que qualquer outra fonte, aquilatar o tipo de interlocução que se desenvolveu entre eles. Aliás, os *Problemas de Heloísa* são um verdadeiro presente para os historiadores da filosofia, uma vez que muitas vezes ela pergunta justamente aquilo pelo que o historiador se interroga. Um exemplo simples: "Por que você às vezes usa a palavra 'espírito' e outras a palavra 'alma'? Qual a diferença entre 'espírito' e 'alma'?".

Embora tenham, enfim, voltado às aulas, digamos assim, o caso de amor de ambos não está terminado.

Capítulo VII

MAIS CALAMIDADES

1. Nova condenação

Parece que a *História das minhas calamidades* prepara os espíritos para aceitar uma grave decisão: Abelardo abandona mais um mosteiro, agora aquele de que ele era o abade, Saint-Gildas. Não sabemos como isso foi feito, mas sabemos, com certeza, que no início da década de 30 do século XII Abelardo está de volta à "margem esquerda" do Sena como professor. Uma vez mais, ele é o "mestre", o *maître à penser* parisiense, o primeiro deles. Nesta época, seu prestígio cobre a Europa, "transpõe os mares e salta os Alpes", como dizem mesmo seus adversários. De fato, há entre seus alunos de então estudantes de toda a Europa, desde ingleses, como João de Salisbury – o último dos grandes mestres da Escola de Chartres –, até alemães, como Oto de Freisign, mais tarde bispo e cronista do imperador Frederico Barba Ruiva.

Não terá sido por acaso que o retorno a Paris coincida com o momento em que Estêvão de Garlande recupera grande parte de seu antigo poder. Mas, no fim da década, com a morte de Luís VI, o Gordo, e a coroação de seu filho, Luís VII, o Jovem, Estêvão de Garlande, caindo em desgraça, já bastante envelhecido (ele, que fora chanceler também do avô do novo rei), dá por encerrada sua carreira secular: ingressa para o convento de Saint-Victor. Pela primeira vez, desde a juventude, Abelardo já não pode contar com

| 85 |

sua proteção. Na década seguinte, Bernardo e seus aliados ocuparão de tal modo o espaço político que, quando, em 1147, o rei Luís VII recebe das mãos de Bernardo a insígnia de cruzado e parte para a Terra Santa, Sugério, o abade de Saint-Denis, será nomeado regente do trono francês.

Dois anos depois que Estêvão de Garlande sai de cena, os inimigos de Abelardo abrem as hostilidades. O primeiro movimento parte de Guilherme, abade de Saint-Thierry, que escreve um tratado denunciando as "heresias" de Abelardo e o envia com uma carta a Godofredo de Chartres, naquele momento legado papal na França. "Com cópia" para Bernardo, para que o bispo de Chartres, o mesmo que já defendera Abelardo em Soissons, que tentara disciplinar os monges rebeldes de Saint-Gildas e defendera Heloísa em Argenteuil, não pudesse se limitar a ignorá-lo, "engavetando" a denúncia.

Bernardo compra a briga: como costuma fazer, começa por escrever mais de uma dezena de cartas a muitos confrades. Uma delas é tão longa que foi chamada pelos editores modernos de *Tratado contra os erros de Pedro Abelardo*. Outra carta vai para a cúria romana, aliás, onde Abelardo era, em geral, muito bem visto. Nela, ao contrário do que faz no *Tratado*, Bernardo enfatiza que a posição de Abelardo poderia corroer a autoridade eclesiástica ao negar o poder dos bispos indignos. Outros mais se somam ao ataque, como Tomás, abade de Morigny, que põe em circulação uma *Disputa dos Pais católicos contra as doutrinas de Pedro Abelardo*.

Abelardo, como seria de se esperar, aceita o repto. Dá a público uma carta aberta ("aos companheiros"), conhecida como *Apologia Contra Bernardo*, e uma *Confissão de fé universal*, nas quais reafirma a ortodoxia de seu cristianismo. Embora sempre combativo, mostra sinais de cansaço: também escreve para Heloísa uma *Confissão de fé*, um curto testamento doutrinal (o último de seus escritos para ela), na qual começa por dizer que "a lógica tornou-me odiado pelo mundo", embora ele jamais tivesse pretendido trocar São Paulo por Aristóteles. Também pede que se convoque

| MAIS CALAMIDADES |

uma assembleia para discutir se sua doutrina é ortodoxa (conforme a fé da Igreja católica) ou herética (contrária a ela).

Em 1140, organiza-se um concílio na cidade de Sens, então uma das mais importantes cidades da França. Desta vez não se pode falar em "reuniãozinha": a assembleia contava com dois arcebispos e oito bispos, além de Bernardo, abade de Clairvaux, e de Godofredo, bispo de Chartres e representante do papa na França. Estão presentes todos os grandes do reino, a começar pelo rei Luís VII e por sua jovem rainha, Leonor de Aquitânia, como também, entre outros nobres, o poderoso conde de Champagne, então aliado do rei da França. E ainda partidários de Abelardo, como Gilberto Porretano, o mestre da Escola de Chartres e que viria a ser bispo de Poitiers, igualmente adversário dos cistercienses; o então diácono Jacinto Boboni – que a tradição identifica com o futuro papa Celestino III –, membro da influente família romana dos Orsini; o "escolástico" Berengário de Poitiers, que logo depois escreverá violentos panfletos contra Bernardo; e, é provável, o republicano Arnaldo de Bréscia, ainda professor em Paris, este sim "herético contumaz".

Apesar do lustro da reunião, repete-se a situação de Soissons: quem se atreve a discutir com Abelardo? Seus adversários sempre se viram obrigados a prestar-lhe pelo menos uma homenagem, pois nenhum deles jamais se dispôs a enfrentar o Doutor Invencível em seu próprio terreno: a *disputa*. E há crônicas que dizem que Abelardo portou-se valentemente, demonstrando a falsidade das acusações e a ortodoxia de suas posições. Mas, na calada da noite, Bernardo teria convencido os demais religiosos a condenar a lista das "heresias" atribuídas a Abelardo, que já circulava antes do concílio, sem ouvir sua defesa ("eles estavam bêbados", acusa Berengário, do jeito violento e inconsequente que é típico da época). Sintomaticamente, ninguém assumiu pessoalmente a paternidade da lista (só sabemos que não foi escrita por Bernardo). Desta vez não basta acender a "célebre fogueira" que queimou o primeiro tratado teológico de Abelardo, a pena é pior do que a pena de morte (por sorte, ainda estão longe na História as fogueiras da Inquisição moderna): excomunhão. O mestre está expulso da Igreja católica. Dado o modo como o concílio fora encaminhado, Abelardo apela para Roma: que o papa julgasse o caso.

Há crônicas que afirmam que Abelardo não se defendeu. Talvez tenha percebido que não adiantava. Diz a tradição que, ao entrar na sala do concílio, passando por Gilberto Porretano, teria se limitado a repetir versos de Horácio, como se pedisse socorro: "também te diz respeito quando pega fogo na casa do vizinho"... Talvez tenha tido medo de ser linchado pela multidão insuflada por seus inimigos, como diz o cronista Oto de Freising. Talvez tenha se sentido mal. Estes cronistas dizem que parecia aturdido e confuso. Para os cistercienses, foi a mão de Deus que pesou sobre ele e o calou. Com mais de sessenta anos, é provável que Abelardo fosse o mais idoso das personagens do concílio, e sabemos que sua saúde estava bastante abalada. Preservando seu silêncio, e como era de seu direito, Abelardo espera que seu caso seja julgado pelo papa.

Amigos e inimigos se põem em campo imediatamente. Bernardo se apressa a escrever para Roma e, um mês e meio depois, garante que o papa Inocêncio II confirme a condenação antes que Abelardo chegue lá, onde estaria protegido por admiradores como o poderoso cardeal Gui de Castelo, que acabava de regressar da França levando na bagagem os tratados de Abelardo e que logo depois seria eleito papa com o nome de Celestino II. Doutro lado, Pedro de Cluny convida Abelardo a recolher-se em sua abadia. Não poderia haver refúgio mais seguro. Também escreve ao papa e consegue a suspensão da excomunhão, alegando que patrocinara uma reunião de reconciliação – não muito sincera, como se pode imaginar –, entre Bernardo e Abelardo.

2. Herético ou ortodoxo?

Dados os atropelos do concílio, é possível perguntar: houve má-fé, principalmente de São Bernardo e de Guilherme de São Teodorico?

| Mais calamidades |

Junto com Abelardo, o concílio condenou também a Arnaldo de Bréscia, a quem Bernardo se refere, em suas cartas, como o "escudeiro de Abelardo". Arnaldo talvez tenha sido aluno de Abelardo (mas, naquela época, quem não foi?). Era professor em Paris, com um pequeno e aguerrido séquito de discípulos. Criticava a simonia e os "bispos indignos" (como Abelardo e também como o próprio Bernardo, cada qual a seu modo), mas de um ponto de vista radical, segundo o qual a simonia não era o *abuso* de riquezas e de poder por parte do clero, mas a própria riqueza da Igreja, à qual ela deveria renunciar. O poder deveria ser exercido pelos leigos (de preferência pelas Comunas, antes do que pelos senhores) e qualquer bispo, como qualquer prelado, que não fosse pobre deveria ser tido como simoníaco e "indigno". Mais ainda, Arnaldo não reconhecia a autoridade dos "bispos indignos". Ora, como todos os bispos de então tinham o *status* de senhores feudais, era toda a hierarquia eclesiástica que se via comprometida.

Por radical que parecesse, a posição de Arnaldo antecipa exemplarmente o que será o principal problema da Igreja católica doravante: a contestação *interna* de seus compromissos com o mundo secular (assim como a expansão do movimento comunal contra os privilégios feudais). No século XIII, a proeminência dos monges e de seus abades será substituída pela dos frades das ordens mendicantes, os franciscanos e os dominicanos, duas novas ordens religiosas que se diferenciam justamente por advogar a "pobreza evangélica" e recusar a riqueza e o poder. E no século XIV já não será possível acomodar tais contradições internas: uma parte dos franciscanos, tendo à frente intelectuais do porte de Guilherme de Ockham, confronta abertamente o papado, que teria sido reduzido, segundo eles, a um "principado tirânico".

Após a excomunhão, Arnaldo, ao contrário de Abelardo, dirige-se efetivamente a Roma, onde, propondo a restauração do Senado e das "virtudes republicanas", terminou por conseguir sublevar a cidade e expulsar de lá o papa. Só dez anos depois foi vencido pelas tropas de Frederico Barba Ruiva, imperador do Sacro

Império Romano-Germânico. Foi executado, seu corpo queimado e suas cinzas espalhadas pelo rio Tibre.

Ora, sabemos que a crítica de Abelardo à simonia e ao poder episcopal jamais adquiriu uma extensão semelhante. Nem incluiu qualquer propensão a defender a pobreza. Bernardo, sim, era muito mais afeito à defesa do "despojamento" do que Abelardo, para quem a riqueza contava entre os bens exteriores, de escassa ou nenhuma relevância moral. Abelardo, empenhado em definir uma ética da intenção, tampouco prestou qualquer atenção às questões políticas levantadas pelas revoltas das comunas urbanas, que já na sua juventude espalhavam pela França e pela Itália suas bandeiras vermelhas. Lembre-se que Abelardo chegou à cidade de Laon logo após ter sido reprimida uma grande revolta urbana, durante a qual Anselmo de Laon havia desempenhado um importante papel de mediador, mas a narrativa da *História das minhas calamidades* não vê razão para fazer qualquer referência aos eventos, tão recentes naquele momento.

No entanto, Bernardo preferiu ligá-los na condenação, talvez porque lhe tenha parecido mais fácil justificar a acusação contra Abelardo. Houve má-fé, por parte de Bernardo e de Guilherme de São Teodorico?

Pedro de Cluny alega que tudo não teria passado de uma "querela", uma pequena briga, quase que de família. Afinal, como já se disse, se Abelardo era herético, metade da Igreja católica do século XII também era, incluindo vários papas.

O problema está na concepção de heresia. Pode-se discutir a verdade ou falsidade de uma tese filosófica, mas outra coisa é saber se uma tese teológica é ortodoxa ou herética. "Ortodoxo" é simplesmente o que determinada Igreja aceita como correto, o inverso é "herético" (entre os cristãos, o que era "ortodoxo" para os latinos da Igreja católica bem podia ser "herético" para os bizantinos da Igreja ortodoxa, e vice-versa). No caso da Igreja católica, historicamente não há grandes mudanças, mas nos detalhes e, principalmente, nas formas de sua expressão da fé cristã, as variações são muito grandes. Um único exemplo: no século XIII, para mui-

| Mais calamidades |

tos, a doutrina de Tomás de Aquino "causou imenso escândalo", e importantes bispos da época (em especial os de Paris e de Oxford, cidades nas quais estavam as principais universidades europeias) se apressaram a condenar algumas de suas teses. Mais tarde, no entanto, o tomismo tornou-se doutrina oficial da Igreja católica. Portanto, quando Bernardo e seus adeptos acusam Abelardo de heresia, o fazem com o intuito de determinar as formas de expressão da fé cristã que consideram legítimas. Ora, nesse aspecto, as posições de Bernardo e de Abelardo são, efetivamente, inconciliáveis.

Guilherme de São Teodorico condena as "novidades" teológicas de Abelardo numa lista de treze artigos, mas o que nos interessa são as razões da discordância de Guilherme: Abelardo propõe que se *dispute* sobre os dogmas religiosos. Mesmo a noção de fé de Abelardo, como *estimativa*, já indicaria o caminho cético pelo qual ele estaria enveredando. Ora, São Paulo define a fé como "uma posse antecipada do que se espera, um meio de demonstrar as realidades que não se veem" (Hb 11,1). No texto latino, o termo que atualmente traduzimos por "um meio de demonstrar" é *argumentum*. Enquanto a tradição agostiniana, de que Guilherme faz parte, acentua a primeira parte da definição – a "posse antecipada", a "certeza" –, a leitura de Abelardo enfatiza a segunda: a fé é "argumento", é prova. E a "estimativa" corresponde à atitude mental daquele que julga a disputa dialética. Se para Guilherme a fé é a certeza daquilo no qual se crê, e para Abelardo uma estimativa, então, mesmo sem querer, Abelardo pareceria cético, embora, para ele, a estimativa corresponda à certeza a que se chega após a ponderação (seu discípulo, o papa Inocêncio III, busca esclarecer a definição de fé dada por Abelardo falando em "estimativa *certa*").

Ainda segundo Guilherme, Abelardo entende que os nomes das Pessoas da Trindade são impróprios, e que o nome Deus Pai significa a onipotência divina, Filho significa a sabedoria e o Espírito Santo significa a bondade. Desse modo, também as relações entre as Pessoas, a geração e a processão, seriam impróprias. Ora, diz Guilherme, os nomes das Pessoas da Trindade, assim como suas relações, não "*significam*, mas *são* coisas reais"... Como é fácil perceber, o que Guilherme de São Teodorico recusa é o "nominalismo" de Abelardo. Para quem não quer levar em conta as análises lógicas de Abelardo (que, no entanto, Guilherme compreende muito bem), tudo faz crer que Abelardo nega a realidade da Trindade e, no limite, o caráter divino de Cristo. Ou, ao contrário, pensa em "três deuses". O que Guilherme recusa é o próprio método teológico de Abelardo.

Bernardo, do seu lado, ataca diretamente no campo do inimigo: procura mostrar insuficiências lógicas e gramaticais da *Teologia* de Abelardo (que, aliás, ele chama de "burrologia", como Tomás de Morigny chamava de "demonologia" – de fato, a palavra "teologia" incomodava). Diga-se de passagem, a argumentação de Bernardo tem consistência (talvez não o suficiente para um debate público...). Entender a lógica de Abelardo, ele também a entendeu, e também não concorda com ela, mas, ainda uma vez, o que importa é que não concede que esse tipo de abordagem da religião seja correto. A insuficiência não seria de Abelardo, mas da própria perspectiva lógico-gramatical. Isso posto, ele pode desviar a discussão para o âmbito que domina com maestria: a espiritualidade e a mística. Ou seja, a da apreensão e expressão daquilo que justamente não pode ser reduzido a um discurso, daquilo que não pode ser ensinado e aprendido, mas que deve ser experimentado. O discurso espiritual visa antes a transformação moral daquele que conhece do que o próprio conhecimento. Em defesa de Bernardo, é bom lembrar que ele é herdeiro de uma longa tradição (neoplatônica) e que sua perspectiva tem pela frente uma história *filosófica* tão importante, de certo modo, quanto o aristotelismo de Abelardo.

É a partir da mística que tem sentido acusar Abelardo de opor a razão à fé. Pouco importa que os escritos de Abelardo neguem insistentemente que seja possível compreender os mistérios da fé através da razão. O seu modo de entender a teologia, ou melhor, a própria ideia de *teologia*, levaria necessariamente a tal oposição. Talvez Bernardo, apesar da truculência com que age e se expressa – truculência reconhecida mesmo por eruditos cistercienses de agora –, tivesse lá suas razões (até na aproximação que faz entre

| Mais calamidades |

Abelardo e Arnaldo...), afinal, nos séculos seguintes ouviremos de modo cada vez mais claro que é preciso "limitar a razão para salvar a fé", até que, na Modernidade, elas estejam irremediavelmente cindidas e contrapostas. Malgrado suas intenções, Abelardo não é estranho a esse desenvolvimento.

Capítulo VIII

MORTE E TRANSFIGURAÇÃO

1. Morte e sepultura

Por algum tempo, Abelardo vive sob a proteção de Cluny. Não sabemos quase nada destes momentos finais de sua vida. Exceto o que Pedro de Cluny conta a Heloísa.

Pedro Abelardo morreu no dia 21 de abril de 1142. Tinha sessenta e três anos e estava no convento de Saint-Marcel, uma casa da abadia de Cluny, perto da cidade de Châlons, na Borgonha, onde havia sido instalado para cuidar da saúde, muito debilitada.

Morreu, como se dizia então, "em odor de santidade". Dedicava-se ainda a suas leituras ("sempre agarrado aos livros") e, fiel à sua vocação, continuava a ensinar. Segundo Pedro de Cluny, mostrava-se cordial e humilde. Malgrado sua fama e importância, não exigia nem honras nem confortos especiais. Vestia-se e comia com simplicidade (ou seja, evitava os vícios típicos da nobreza). Antes de morrer, cumpriu os ritos cristãos e reafirmou sua fidelidade à doutrina da Igreja católica. A carta que participa a Heloísa a morte de Abelardo é extremamente enfática quanto a esses pontos, não fossem pretender denegrir a memória desse "homem simples e reto". Juízo totalmente oposto ao dos adversários de Abelardo, para os quais ele é "um homem ambíguo" (Bernardo) e um "tortuoso labirinto" (Tomás de Morigny).

O grande abade de Cluny nunca escondeu seu amor e respeito por Abelardo ("o nosso Aristóteles") e por Heloísa: "não é de agora que eu vos amo, mas há muito tempo, desde quando eu ainda era quase adolescente"... E faz questão de mostrá-lo o mais publicamente possível, ordenando que o corpo de Abelardo receba sepultura no Paracleto. Numa época em que se disputam ferozmente as honras de receber os despojos dos homens ilustres, o gesto de Pedro é particularmente generoso (tanto que o translado foi feito em segredo). Além de confirmar que reconhecia Abelardo como o fundador do convento do Paracleto.

Na carta de agradecimento, Heloísa pede a ele que envie uma certidão oficial atestando que Abelardo morrera em comunhão com a Igreja católica, tendo sido perdoado de seus pecados. E aproveita – mostrando que a vida continua – para pedir uma "prebenda" – algo como uma pensão vitalícia – para o filho Astrolábio (aliás, toda a herança que Abelardo deixou ao filho foi um poema exortando-o à virtude e ao estudo). Pedro envia a certidão, escrita na primeira pessoa, "assinada e selada por minha mão". Quanto à prebenda, diz que "vai ver o que pode fazer", mas que as coisas andam difíceis etc. Aliás, parece que, no fim, Astrolábio conseguiu sua prebenda.

Heloísa sobreviveu a Abelardo por vinte anos e morreu em 16 de maio de 1164, também com mais de sessenta anos de idade. Não temos notícias desses vinte anos, exceto os ecos do respeito e carinho com que a senhora do Paracleto sempre será tratada. Malgrado tudo, nunca se ouvirá contra ela qualquer reprovação, mesmo de cistercienses e vitorinos.

Heloísa será sepultada ao lado de Abelardo. Mas esse não é o fim de nossa história.

O convento do Paracleto atravessará os séculos, até ser extinto, junto com tantas outras casas religiosas, pela Revolução Francesa, em fins do século XVIII. A Revolução arrasa inclusive a grandiosa abadia de Cluny, mas não esquece de resgatar o que reconhece como seu. Um decreto da Convenção ordena que os despojos do

| MORTE E TRANSFIGURAÇÃO |

casal sejam transferidos, com as honras devidas a dois heróis franceses, para Paris.

Passado quase um milênio, o túmulo de ambos continua a ser visitado ainda hoje, no cemitério de Père-Lachaise, em Paris.

2. Herança e transfiguração

> "De tudo resta um pouco,
> De mim; de ti; de Abelardo."
> (Carlos Drummond de Andrade)

Abelardo teve a sorte de um precursor.

O dossiê contra Abelardo tem cinco títulos (além de um bom número de cartas): a lista das proposições condenadas em Sens, de autoria desconhecida, a *Disputa contra Pedro Abelardo* de Guilherme de São Teodorico, o *Tratado contra os erros de Pedro Abelardo* de Bernardo (na realidade, uma carta), a *Disputa dos Pais católicos contra as doutrinas de Pedro Abelardo* de Tomás de Morigny, e *Contra os quatro labirintos da França*, de Valter de São Vítor (a teologia de Abelardo é um dos "labirintos" nos quais é fácil o cristão se perder). Enquanto esse dossiê, em particular os escritos de Bernardo, foi sempre recopiado e mantido em circulação pelos cistercienses e pelos vitorinos, as peças de defesa de Abelardo, que não tinha atrás de si uma organização do porte de uma ordem religiosa, simplesmente deixaram de ser lidas. A memória que os teólogos medievais guardam de Abelardo é a da condenação.

No entanto, a teologia sobreviveu e muito bem, a ponto de dominar totalmente o espírito dos melhores intelectuais do século XIII, e será a mística, à maneira de Bernardo, que se tornará suspeita. O veículo para a difusão da teologia de Abelardo (e para a própria ideia de teologia) será o livro *Sentenças*, escrito por Pedro Lombardo, bispo de Paris.

Pedro Lombardo foi aluno de Abelardo e tinha simpatias tanto por Bernardo quanto pelos vitorinos, tendo sido aluno também

| 97 |

de Hugo de São Vítor. As *Sentenças* são uma longa compilação de questões que apresenta de modo organizado o que há de mais importante no debate teológico da primeira metade do século XII, incluindo principalmente a retomada da tradição patrística. O termo "sentença" é o usado no sentido de "decisão" (como a sentença dada pelo juiz), e o livro apresenta a resposta que os diversos autores deram às questões propostas. Pedro Lombardo muitas vezes concorda com Abelardo, muitas vezes discorda, procurando enfatizar posições mais brandas e menos escadalosas, mas, fiel aos pricípios da disputa, expõe corretamente as posições contrárias, independentemente de concordar ou não com elas. E é na fidelidade ao *método* da disputa que Pedro Lombardo é integralmente discípulo de Abelardo. As *Sentenças* são um manual escolar, sem nenhum parentesco com os comentários místicos de um Bernardo de Claraval.

Pode-se dizer, usando conceitos atuais, que enquanto Abelardo promove uma "revolução científica", Pedro Lombardo faz "ciência normal", isto é, apresenta o conjunto de temas, problemas e métodos compartilhados pela comunidade científica. Do começo do século XIII até o século XVI, as *Sentenças* serão a base do ensino de Teologia, gerando um número interminável de comentários cada vez mais longos. Ainda que o nome de Abelardo esteja esquecido, seu legado impera por toda a Idade Média.

Outro tanto pode ser dito de sua influência filosófica. Abelardo tinha boas razões para se orgulhar de sua obra. Basta comparar a extensão de seus volumosos comentários com o minúsculo conjunto de textos sobre o qual eles se aplicam. Ele chega a reclamar que "só a inveja" impedia que "um contemporâneo fosse reconhecido como autoridade" (não é difícil imaginar em quem ele estava pensando...). Ao mesmo tempo, justamente seu sucesso como professor contribuiu muito para aumentar a curiosidade pelas obras "perdidas" de Aristóteles. Como elas não estavam tão perdidas assim (era só ir buscá-las na Espanha, em especial em Toledo, cidade que os cristãos já haviam retomado dos mulçumanos), passa a ocorrer um intenso movimento de traduções, cada vez mais elabo-

| Morte e transfiguração |

radas e corretas, que devolve aos latinos a totalidade das obras de Aristóteles e, de quebra, traz seus comentadores gregos, judeus e árabes (em especial, o mais importante deles: Averróis). Depois de mil anos de influência filosófica do neoplatonismo, o impacto não poderia ser maior.

Embora o processo de tradução e difusão se estenda por muitas décadas, a recepção inicial de Aristóteles é muito veloz: um aluno de Abelardo como João de Salisbury (36 anos mais novo do que ele) já teve a oportunidade de ler, em primeira mão, traduções de textos aristotélicos que Abelardo só conhecia de nome, e é o primeiro autor medieval a atacar a metafísica neoplatônica (incluindo em suas críticas o próprio Abelardo). Veloz e difícil: não é exagero dizer que a tarefa filosófica dos dois séculos seguintes foi digerir e elaborar a leitura de Aristóteles.

Ora, diante da avalanche de obras de Aristóteles e dos escritos de tantos e de tão grandes comentadores, o trabalho de Abelardo empalidece (embora não faça feio). É o sucesso de Abelardo que ajuda a criar as condições para que sua obra seja superada e, em pouco tempo, deixe de ser lida. Ou melhor, do mesmo modo que aconteceu com a teologia, as mais importantes contribuições de Abelardo são incorporadas ao patrimônio comum, seja em lógica, seja em ética, mas desvinculadas das obras em que foram desenvolvidas. Quem se lembra de atribuir a ele a distinção entre proposições *de dicto* (segundo "as palavras") e *de re* (segundo "as coisas"), até hoje presente na lógica? Ou que ele introduziu na filosofia uma noção positiva de consciência?

Ainda assim, o *nome* de Abelardo nunca caiu no esquecimento. Porque ainda há o "Abelardo de Heloísa". Embora não haja uma ordem religiosa ou uma escola dispostas a preservar a memória de Abelardo, há pelo menos um convento no qual os fundadores são lembrados: o Paracleto. Será lá, não sabemos se por obra de Heloísa, que se conservará a *Correspondência*.

Um cronista medieval relata que, quando Heloísa foi sepultada, Abelardo teria aberto os braços para recebê-la. No momento da morte, ambos renascem transfigurados na lenda.

| 99 |

"O amor é uma invenção do século XII", como já se disse, e Heloísa e Abelardo aparecem como a representação viva daquilo que, no *Romance de Tristão e Isolda*, a primeira grande paixão da história literária, incendeia a imaginação no século XII. E nos séculos vindouros.

O maior escritor francês do século XIII, Jean de Meun, traduziu para o francês a *Correspondência* e incluiu um breve resumo da história em sua obra-prima, o *Romance da rosa*. O uso da língua francesa indica que o interesse por ambos ia muito além dos muros da Escola (que continua a falar latim até o começo dos tempos modernos). Petrarca, o grande poeta e humanista italiano, também está entre os admiradores da *Correspondência* (e foi proprietário de um dos melhores manuscritos que conhecemos hoje). A brevidade de certas referências, como a de François Villon, num célebre poema do século XV, mostra que eram bem conhecidos dos leitores de então. Do mesmo modo, a carreira literária das figuras de Abelardo e Heloísa permanecerá viva através da Modernidade, basta lembrar o título de uma das obras de Jean-Jacques Rousseau, o maior filósofo francês do século XVIII, justamente aquela sobre a educação feminina: *Júlia ou a Nova Heloísa*.

A grande revanche de Abelardo é contemporânea. Ainda no início do século XVII, quando foi feita a primeira edição (impressa) das *Obras* teológicas de Abelardo, apesar das cuidadosas explicações dos editores, o livro foi imediatamente para o *Index*, o famoso catálogo de livros proibidos pela Igreja católica. É improvável que houvesse uma boa razão para isso, mas, se já foi condenado uma vez, talvez tenha parecido mais cômodo condenar de novo. No século XVIII, os manuais escolásticos ainda podem descrevê-lo como um "sofista orgulhoso, mau argumentador, poeta medíocre, orador sem força, erudito superficial, teólogo condenado". Mas já conta com a simpatia dos filósofos iluministas: "Quem não conhece Heloísa e Abelardo? Os amores e as cartas de Abelardo e Heloísa viverão eternamente", diz Voltaire, comentando a *Nova Heloísa* de Rousseau.

| Morte e transfiguração |

Embora demore duzentos anos, a reafirmação moderna da condenação terminará por transformá-lo em herói. No século XIX, as acusações feitas por Bernardo, principalmente a de que Abelardo pretendia "submeter a fé à razão", serão tomadas ao pé da letra, mas com o sinal trocado: o que era uma acusação torna-se um elogio. Abelardo passa a ser visto como "um mártir da liberdade de pensamento", representante do "movimento liberal do espírito humano", "o fundador do racionalismo", um paladino da razão lutando contra o obscurantismo da Idade das Trevas (que era como chamavam a Idade Média naquela época). É o "primeiro filósofo francês", revolucionário e radical, e até o porta-voz das comunas burguesas em sua luta contra os privilégios e arbitrariedades feudais. O século XII da *História da França* do grande historiador Jules Michelet começa com esse Abelardo revolucionário: "A liberdade, que soa tão baixo nos sinos das comunas da Picardia, ressoa pela Europa na voz do lógico bretão". Heloísa teria sido "a mais doce amada" da História, capaz de escrever como Sêneca, e de tão irresistível charme que encantou até mesmo a São Bernardo. E São Bernardo, claro, é o precursor do Grande Inquisidor.

As obras de Abelardo passam a ser publicadas "por ordem do governo" francês e as *Obras completas* são editadas pela primeira vez por Victor Cousin, filósofo e ministro de Estado, empenhado no projeto nacionalista de construir um passado glorioso para a "filosofia francesa". Aparecem os primeiros comentários, multiplicam-se as edições e traduções da *Correspondência* e cresce muito o número de obras literárias inspiradas nelas, de peças de teatro (e até óperas) a belas biografias. Os editores, tradutores, comentadores e autores são, quase todos, a começar por Cousin e Michelet, intelectuais importantes e influentes em sua época, de tal modo que terminam produzindo um Abelardo e uma Heloísa do século XIX.

Como seria de se esperar, os historiadores do século XX reagiram vivamente contra a fabricação desta fantasia anacrônica, procurando devolver Abelardo e Heloísa a seu momento histórico. Abelardo não é "nem cão nem lobo" e não tem sentido fazer dele

| 101 |

um precursor seja da Reforma do século XVI, seja da Filosofia Moderna (como pensavam Cousin e seus pares). Nasce um novo Abelardo, o "Abelardo sem Heloísa", relevante na História da Filosofia, principalmente na da lógica e na da ética. O que se perde em encanto se ganha em consistência teórica. Embora não haja mais uma produção literária de maior importância sobre Abelardo e Heloísa (como, no início do século XVIII, o poema *Eloise to Abelard*, do grande poeta inglês Alexander Pope), nossa atenção atual pelas questões da linguagem e pela ética garante um interesse crescente pelas obras de Abelardo. E a questão do feminismo se enriqueceu com algumas belas análises da figura histórica de Heloísa.

Lembremos ainda que a autenticidade da *Correspondência* foi posta em dúvida. Já no início do século XIX havia quem duvidasse que fosse autêntica, mas no século XX o debate ganha grande espaço entre os especialistas, mobilizando muitos dos maiores historiadores da Idade Média de nosso tempo. Até porque, como já se disse, a autenticidade ou não da *Correspondência* é determinante para toda nossa compreensão do século XII.

Houve quem chegasse a alegar que as cartas só podiam ser uma falsificação, porque seria inadmissível que uma religiosa do século XII se expressasse como Heloísa. Ou, mais seriamente, que seria nosso desconhecimento acerca da mentalidade medieval que levava a projetar no casal nosso imaginário romântico. Outros responderam que não somos nós que devemos julgar como deve falar uma religiosa do século XII e apresentaram testemunhos da admiração de autores medievais pelo amor de Abelardo e Heloísa. Houve quem mostrasse que tudo não passou de uma falsificação motivada por uma luta interna pelo poder no Paracleto, muito tempo depois da vida dos fundadores. Mais tarde, no entanto, o próprio autor dessa hipótese, com admirável objetividade científica, demonstrou que ela não se sustentava.

Resta que um enorme conjunto de trabalhos a respeito, novas pesquisas em história das mentalidades, sobre gêneros literários, sobre concepções medievais de autoria e de "falsificação", e inclusive exaustivas análises lexicais informatizadas, reafirmam que ainda

| Morte e transfiguração |

é mais seguro tomar a *Correspondência* tal como se apresenta do que como uma mera falsificação ou um artifício literário (obra, talvez, de um grande escritor do século XIII, como Jean de Meun). "As cartas de Abelardo são de Abelardo, as cartas de Heloísa são de Heloísa". No momento, o debate está encerrado. Ou temporariamente suspenso, porque também há bons historiadores que jamais se deram por convencidos.

Talvez possamos ficar com a opinião de um monge beneditino de nossos tempos, relatada por Étienne Gilson: "A história de Abelardo e Heloísa é bonita demais para não ser verdade".

***

ANTOLOGIA
EXCERTOS DAS OBRAS DE ABELARDO E UMA CARTA DE HELOÍSA

1. Da *Lógica para principiantes:* Primeira crítica do "realismo". (Contra Guilherme de Champeaux).[1]

[...] Ao solucionar as supracitadas questões [de Porfírio], uns julgam de um modo e outros de outro. Daí Boécio lembrar que Aristóteles admite que os gêneros e espécies subsistem apenas nos sensíveis, e são, porém, inteligidos fora deles; Platão, no entanto, admite que eles não só são inteligidos fora dos sensíveis, mas também que eles são fora dos sensíveis. [...]

Voltemos, porém, agora às supracitadas questões, como prometemos, para investigá-las com todo o cuidado e para resolvê-las. Uma vez que é certo serem os gêneros e as espécies universais e que Porfírio trata neles de modo geral da natureza de todos os universais, distingamos aqui de maneira comum as propriedades dos universais por meio das dos singulares e indaguemos se estas se aplicam apenas às *palavras* ou, também, às *coisas*.

No *Da interpretação*, Aristóteles define o universal como *aquilo que é naturalmente apto a ser predicado de muitos*, enquanto

---

[1] Pedro Abelardo, *Lógica para principiantes*, introdução e tradução de Carlos Arthur Ribeiro do Nascimento, São Paulo: Ed. da UNESP, 1994, 2005[2], p. 52-61. Traduzido de "Peter Abaelards philosophische Schriften I: Die *Logica 'Ingredientibus'*. 1. *Die Glossen zu Prophyrius*", hg. Bernard Geyer, *Beiträge zur Geschichte der Philosophie des Mittelalters*, Munster i. W., 1919, XII(1), p. 9-13.

Porfírio define o singular, isto é, o indivíduo, como *aquilo que se predica de um só*. O que a autoridade parece atribuir tanto às coisas quanto às palavras. Com efeito, o próprio Aristóteles aplica-o às coisas, quando propunha logo depois da definição do universal o seguinte: *uma vez que algumas coisas são universais e outras singulares, chamo de universal o que é naturalmente apto a ser predicado de muitos, e de singular, o que não é*. O próprio Porfírio, também, ao afirmar que a espécie é constituída de gênero e diferença, situou-os na natureza das coisas. Donde se colhe, evidentemente, que as próprias coisas estão contidas no nome universal.

Mas os nomes também são chamados de universais. Daí a afirmação de Aristóteles: *o gênero determina a qualidade quanto à substância, pois ele significa como algo é*. E Boécio declara no livro *Sobre as divisões*: *É muito útil saber que o gênero é, de certo modo, uma semelhança única de muitas espécies, a qual revela a concordância substancial de todas elas*. Ora, é próprio das palavras o *significar* ou o *revelar*, e das coisas, o serem *significadas*. E acrescenta: *o vocábulo de nome predica-se de muitos nomes e é de certo modo uma espécie contendo indivíduos sob si mesma*. Contudo, não é chamado propriamente de espécie, uma vez que não é vocábulo essencial, porém acidental; no entanto, é indubitavelmente um universal ao qual se aplica a definição de universal. Donde evidencia-se que há também palavras às quais somente atribui-se a função de servir de termos-predicados das proposições.

Ora, uma vez que tanto coisas como palavras parecem ser chamadas de universais, deve-se investigar de que maneira a definição de universal pode ser aplicada às coisas. De fato, parece que nenhuma coisa nem coleção alguma de coisas pode ser predicada de muitos tomados um a um, sendo tal a exigência própria do universal. Pois, embora este povo e esta casa ou Sócrates possam ser afirmados de todas as suas partes ao mesmo tempo, ninguém diz absolutamente que são universais, uma vez que a sua atribuição não se aplica a cada uma das partes. Por outro lado, uma só coisa predica-se de muito menos ainda do que uma coleção. Ouçamos, portanto, como chamam de universal uma só coisa

| ANTOLOGIA: EXCERTOS DAS OBRAS DE ABELARDO E UMA CARTA DE HELOÍSA |

ou uma coleção de coisas e apresentemos todas as opiniões de todos.

Com efeito, alguns tomam a coisa universal da seguinte maneira: eles colocam uma substância essencialmente a mesma em coisas que diferem umas das outras pelas formas; essa é a essência material dos singulares nos quais está presente, e é uma só em si mesma, sendo diferente apenas pelas formas dos seus inferiores. De fato, se acontecesse de se separarem essas formas, não haveria absolutamente diferença das coisas que se distinguem umas das outras apenas pela diversidade das formas, uma vez que, quanto à essência, a matéria é absolutamente a mesma. Por exemplo, em cada um dos homens, diferentes numericamente, está presente a mesma substância do homem que aqui se torna Platão através destes acidentes e ali Sócrates, através daqueles outros. Com esses Porfírio parece concordar plenamente, ao dizer: *Pela participação da espécie humana, muitos homens são um só, mas nos particulares o único e comum é muitos.* E acrescenta que *os indivíduos são ditos tais porque cada um deles resulta das propriedades cuja coleção não se encontra em nenhum outro.* De modo semelhante, os mesmos colocam uma só e essencialmente a mesma substância de animal em cada um dos vários animais diferentes quanto à espécie, a qual fazem entrar nessas diferentes espécies pela recepção de diversas diferenças, tal como se desta cera eu fizesse ora a estátua de um homem, ora a estátua de um boi, acomodando as formas diferentes à essência que permanece absolutamente a mesma. É preciso, porém, ter em consideração que a mesma cera não constitui as estátuas ao mesmo tempo, como se admite no caso do universal, isto é, que o universal é de tal modo comum, como Boécio afirma, que o mesmo está todo ao mesmo tempo nos diferentes dos quais constitui materialmente a substância e que, embora permaneça em si mesmo universal, este mesmo é singular pelas formas que se lhe acrescentam, sem as quais ele subsiste naturalmente em si mesmo e, sem elas, não permanece de maneira nenhuma de modo atual; sendo universal na natureza, mas singular em ato, é inteligido como incorpóreo e não sensível na simplicidade da sua universali-

| 107 |

dade, mas esse mesmo universal subsiste em ato de modo corpóreo e sensível através dos acidentes e, de acordo com o próprio testemunho de Boécio, é o mesmo que subsiste como singular que é inteligido como universal.

E esta é *uma de duas sentenças*. Ainda que as autoridades pareçam concordar muito com ela, a física se lhe opõe de todos os modos. Como efeito, se o mesmo essencialmente, embora marcado por diversas formas, existe nos singulares, é necessário que esta substância que é afetada por estas formas seja aquela que é marcada por aquelas, de tal modo que o animal informado pela racionalidade é o animal informado pela irracionalidade e, assim, o animal racional é o animal irracional e, desse modo, os contrários estariam presentes simultaneamente no mesmo; ou melhor: já não seriam de modo algum contrários, quando se encontram simultaneamente em absolutamente a mesma essência – assim como nem a brancura nem a negrura seriam contrárias, se ocorressem simultaneamente nesta coisa, ainda que a própria coisa fosse branca por uma causa e negra por outra, assim como é branca por uma causa e dura por outra, isto é, por causa da brancura e da dureza. De fato, nem mesmo os contrários por motivo distinto podem inerir simultaneamente no mesmo, como os relativos e muitos outros. Donde Aristóteles, ao tratar da *relação*, prova que o grande e o pequeno, que ele mostra estarem presentes simultaneamente no mesmo sob diversos aspectos, no entanto, pelo fato de estarem presentes simultaneamente no mesmo, não são contrários.

Mas será dito, talvez, de acordo com aquela sentença, que daí não se segue que racionalidade e irracionalidade são menos contrárias por serem assim descobertas no mesmo, isto é, no mesmo gênero ou na mesma espécie, a menos que se sustentem no mesmo indivíduo. O que, também, assim se demonstra: racionalidade e irracionalidade estão verdadeiramente no mesmo indivíduo, já que estão em Sócrates. Mas que estejam ao mesmo tempo em Sócrates, prova-se por isso que estão ao mesmo tempo em Sócrates e no asno Brunelo. Ora, Sócrates e o asno são Sócrates. Na verdade,

| Antologia: excertos das obras de Abelardo e uma carta de Heloísa |

Sócrates e o asno são Sócrates porque Sócrates é Sócrates e asno, pois, de fato, Sócrates é Sócrates e Sócrates é o asno. Que Sócrates seja o asno, assim se demonstra, de acordo com aquela sentença: tudo o que está em Sócrates distinto das formas de Sócrates é o que está no asno distinto das formas do asno. Ora, tudo o que está no asno distinto das formas do asno é o asno. Tudo o que está em Sócrates distinto das formas de Sócrates é o asno. Mas, se é isso, uma vez que o próprio Sócrates é aquilo que é distinto das formas de Sócrates, então o próprio Sócrates é o asno. Que, porém, seja verdade o que admitimos acima, isto é, que tudo o que está no asno distinto das formas do asno é o asno, patenteia-se por isso que nem as formas do asno são o asno, uma vez que os acidentes seriam substância, nem a matéria justamente com as formas do asno são o asno, pois então seria necessário admitir que corpo e não-corpo são corpo.

Há alguns que, procurando uma escapatória, criticam apenas as palavras desta proposição, *o animal racional é o animal irracional*, mas não a sentença, dizendo que o animal é tanto um quanto outro, mas que isso não é expresso apropriadamente pelas palavras *o animal racional é o animal irracional*, uma vez que a coisa, ainda que seja a mesma, é chamada racional por uma razão, e irracional, por outra, isto é, por causa de formas opostas. Mas, certamente, não há oposição entre as formas que simultaneamente lhes aderissem de modo absoluto, e, por isso, não se criticam estas proposições: *o animal racional é o animal mortal* ou *o animal branco é o animal ambulante*; porque ele não é mortal pelo fato de ser racional, nem ele anda pelo fato de ser branco, mas tomam-se as duas como absolutamente verdadeiras, porque o mesmo animal tem ambas as formas simultaneamente, ainda que por razões diferentes. Se assim não fora, confessariam que nenhum animal é homem, uma vez que nada é homem pelo fato de ser animal.

Além disso, de acordo com a proposição da supracitada sentença, as essências de todas as coisas são apenas dez, isto é, dez gêneros supremos, uma vez que, em cada um dos predicamentos, reconhece-se apenas uma essência que, como se disse, diversifica-

-se apenas pelas formas dos inferiores e sem elas não teria diversidade alguma. Por conseguinte, uma vez que Sócrates e Platão têm as coisas de cada um dos predicamentos em si mesmos, todas as formas de um são do outro; e uma vez que elas próprias são absolutamente as mesmas, todas as formas de um são do outro, pois elas não são diferentes em si mesmas quanto à essência, assim como as substâncias às quais elas são inerentes – assim, por exemplo, a qualidade de um é a qualidade do outro, pois ambas são qualidades. Portanto, eles não são mais diferentes por causa da natureza das qualidades do que por causa da natureza da substância, porque a essência da sua substância é uma só, tal como é, igualmente, a das qualidades. Pela mesma razão, a quantidade, por ser a mesma, não os torna diferentes, e tampouco nenhum dos outros predicamentos. Por isso, nenhuma diferença pode provir das formas que, consideradas em si mesmas, não são diferentes, assim como as substâncias também não o são.

Ainda mais, como teríamos em conta uma pluralidade numérica nas substâncias, se a única diferença fosse a das formas, enquanto o sujeito substancial permanece absolutamente o mesmo? Com efeito, não podemos dizer que Sócrates seja numericamente múltiplo, em virtude de receber muitas formas.

Não se pode sustentar, além disso, que os indivíduos sejam constituídos pelos próprios acidentes. De fato, se os indivíduos adquirem o seu ser dos acidentes, evidentemente os acidentes lhes são naturalmente anteriores, assim como o são as diferenças em relação às espécies que elas conduzem ao ser. Pois, assim como o homem se distingue pela informação da diferença, assim também se refere a Sócrates, a partir da recepção dos acidentes. Donde não pode haver Sócrates sem os acidentes, nem homem sem as diferenças. Por conseguinte, aquele não é fundamento dos acidentes, assim como o homem não o é das diferenças. Todavia, se os acidentes não estão nas substâncias individuais como em sujeitos, certamente não estão também nos universais. Com efeito, o que quer que esteja nas substâncias segundas [isto é, os gêneros e as espécies] como em sujeitos, demonstra-se que o mesmo está uni-

| ANTOLOGIA: EXCERTOS DAS OBRAS DE ABELARDO E UMA CARTA DE HELOÍSA |

versalmente nas substâncias primeiras [isto é, os indivíduos] como em sujeitos. Em consequência disso, é claro que carece totalmente de razão a sentença pela qual se diz que a essência absolutamente idêntica existe simultaneamente em diversos.

[...]

***

2. Da *Ética ou Conhece-te a ti mesmo*. O que significa "pecado".[2]

Livro I

Chamamos *morais* os vícios ou virtudes da alma[3] que nos tornam propensos a obras ou más ou boas. Pois não há só vícios e bens da alma, mas também há os do corpo, como a debilidade ou a força corporal, que chamamos vigor, a morosidade ou a velocidade, claudicar ou andar direito, a cegueira ou a visão. E para diferenciar destes, quando dissemos "vício" ajuntamos "da alma". Quanto aos vícios da alma, estes são contrários às virtudes, como a injustiça à justiça, a inconstância à constância, a intemperança à temperança.

Capítulo I: "Sobre os vícios da alma pertinentes à moral"

Há também alguns vícios ou alguns bens da alma que não estão incluídos na moral, que não fazem a vida humana digna nem

---

[2] Peter Abelard's *Ethics*. An edition with introduction, english translation and notes by David E. Luscombe. Oxford: Clarendon Press, 1971 [1998²], p. 1-16. Comparado com *Petri Abaelardi Opera Theologica IV. Scito te ipsum*. Edidit Rainer M. Ilgner. *Corpus Christianorum, Continuatio Medievales*, 190. Turnholt: Brepols, 2001, p. 1-11. Tradução de José C. Estêvão (as traduções que fiz para este livro, assim como o texto, foram discutidas com Marisa Lopes, Moacyr Novaes, Carlos E. Oliveira e Yara Frateschi, aos quais agradeço muito, inclusive pela leitura crítica e atenta. E a Marcos Nobre, por lembrar o verso de Drummond).

[3] Abelardo usa os termos latinos *animus* e *anima* (formas masculina e feminina), em geral seguindo a distinção usual entre *anima* (comum aos homens e animais) e *animus* (próprio dos homens e parte dominante da alma). Como a palavra "ânimo" em português não preserva a distinção racional, nem a forma masculina implica preponderância, optamos por traduzir tanto *animus* quanto *anima* por "alma", indicando, quando é o caso, o termo usado por Abelardo.

| 111 |

de censura nem de louvor, como a lentidão da alma ou a velocidade de engenho, ser esquecido ou ter boa memória, a ignorância ou a ciência. Estes, uma vez que se encontram tanto entre os maus como entre os bons, não são pertinentes à consideração moral, não tornam a vida nem mais torpe nem mais honesta. Por isso, foram excluídos quando iniciamos acima com "os vícios da alma", acrescentando "que nos tornam propensos às obras más", isto é, inclinam a vontade a algo que de modo algum convém fazer ou convém omitir.

Capítulo II: "Sobre a diferença entre o pecado e o vício que inclina ao mal"

O vício, deste modo, não é o mesmo que o pecado, nem o pecado o mesmo que a ação má. Por exemplo, ser iracundo, isto é, ter propensão ou facilidade para perturbar-se de ira, é vício e inclina a mente, impetuosa e irracionalmente, àquilo que de modo algum convém. Tal vício está na alma [*anima*], de modo que facilita que advenha a ira, mesmo quando não se está movido por ela; como a claudicação, pela qual se diz que um homem é coxo, está nele mesmo quando não anda claudicando, pois o vício permanece quando não há ação.

Ora, muitos são propensos à luxúria, à ira, por sua própria natureza ou por compleição corporal; no entanto, estes não pecam por serem como são, mas têm nisso matéria de luta e, pela virtude da temperança, conquistam a coroa dos que triunfam sobre si mesmos. Como diz Salomão: *"Melhor é o homem paciente do que o homem forte, e quem domina a própria alma do que quem conquista uma cidade"* [Pr 16,32]. A religião não estima que seja torpe ser vencido pelo homem, mas sim pelo vício. O primeiro pode suceder a homens bons, o segundo afasta do bem. Incitando-nos a tal vitória, o Apóstolo diz: *"Não será coroado aquele que não tiver combatido segundo a lei"* [2Tm 2,5]. "Que haja combatido", quer dizer, resistindo não aos homens, mas aos vícios, para que não nos vejamos consentindo com o mal. Pois, ainda que os homens cessem de lutar contra os vícios, estes não cessam sua luta, e quanto

| Antologia: excertos das obras de Abelardo e uma carta de Heloísa |

mais seus ataques são frequentes, mais são perigosos; quanto mais difícil for a vitória diante deles, mais esplêndida será.

Por mais que os homens prevaleçam sobre nós, em nada podem tornar-nos a vida torpe, a não ser do mesmo modo que os vícios e que, como que nos convertendo aos vícios, nos sujeitem ao torpe consentimento. Os homens dominando o corpo, mas mantendo-se livre a alma, em nada se compromete a verdadeira liberdade, não incorremos em nenhuma servidão humilhante. Não é servir aos homens, mas aos vícios que é torpe; não é a servidão corporal, mas a sujeição aos vícios que deturpa a alma. Tudo o que é igualmente comum a bons e maus, em nada diz respeito às virtudes e aos vícios.

Capítulo III: "O que é vício da alma e o que quer dizer propriamente 'pecado'"
[Início do capítulo: O pecado é diferente da vontade má].

O vício é o que nos torna propensos a pecar, isto é, o que nos inclina a consentir no que não convém, seja fazendo, seja deixando de fazer. Na verdade, é a esse *consentimento* que chamamos propriamente de pecado, isto é, a culpa da alma pela qual ela merece a condenação ou pela qual se torna culpada perante Deus. O que é esse consentimento senão desprezar Deus e ofendê-lo? Deus não pode sofrer dano, mas pode ser ofendido pelo desprezo. Ele é aquela suma potência à qual dano algum pode diminuir, mas que se vinga do desprezo para consigo. Pecado, portanto, é nosso desprezo pelo Criador, e pecar é desprezar o Criador, isto é, *não* fazer por ele aquilo que cremos que devemos fazer por ele ou *não* deixar de fazer por ele aquilo que cremos que devemos deixar de fazer. Quando definimos pecado negativamente, dizendo que consiste em *não fazer* o que convém ou *não deixar de fazer* o que não convém, tornamos patente que o pecado não é uma substância, uma vez que é antes um não-ser do que um ser, como quando definimos as trevas dizendo que são a ausência de luz, enquanto a luz tem ser.

Mas talvez se diga que, assim como a vontade de fazer uma ação má é pecado, constituindo-nos em réus perante Deus, a vontade de fazer uma ação boa nos justifica; assim como a virtude con-

| 113 |

siste na vontade boa, o pecado consistiria na vontade má, portanto, não seria um não-ser, mas, como a virtude, um ser. Do mesmo modo como, com a vontade de fazer o que cremos que agrada a Deus, nós o agradamos, com a vontade de fazer o que cremos que desagrada a Deus, nós o desagradamos e o ofendemos ou desprezamos. Digo, no entanto, que, se atentarmos diligentemente, nos veremos muito longe desta opinião. Como acontece de pecarmos sem ter nenhuma vontade má – e com a mesma vontade má refreada, mas não extinta, recebemos a palma da resistência, sendo a luta o que confere a coroa de glória –, não se deve dizer que a vontade má é pecado, mas antes uma fraqueza desde logo necessária.

Vê: alguém é inocente, e seu cruel senhor, movido de fúria contra ele, persegue-o com a espada desembainhada para matá--lo; ele foge e evita, como pode, ser assassinado. Por fim, coagido e sem querer, assassina seu senhor para não ser assassinado por ele. Dize-me, sejas quem for, que vontade má teria ele no que fez? Pois, querendo fugir da morte, queria conservar a própria vida. Mas porventura sua vontade era má? Dirias, segundo penso, que a vontade de fugir não era má, mas sim a de assassinar o senhor que o perseguia. Respondo que dirias bem e argutamente se pudesses assinalar uma vontade para o que afirmas. Mas, como já se disse, o que fez foi sem vontade e coagido, pois preservou a vida o quanto pôde, sabendo que esse assassinato o poria em imediato perigo de vida. De que modo, portanto, fez voluntariamente o que põe em perigo sua própria vida?

Se responderes que voluntariamente o fez, quer dizer, voluntariamente fugiu da morte, mas não matou voluntariamente seu senhor, pois a isso foi induzido, de modo algum o contesto, mas, como já se disse, de modo algum essa vontade é reprovada como má, pois é vontade, como dizes, de fugir da morte e não de assassinar seu senhor; no entanto, consentindo no delito, ainda que coagido pelo temor da morte, comete um crime injusto que deveria antes ter sofrido do que infligido. Tomou para si a espada, sem que lhe tivesse sido transmitido o poder para tanto. Diz a Verdade: *"Todos os que tomam da espada, pela espada perecerão"* [Mt 26,52].

| Antologia: excertos das obras de Abelardo e uma carta de Heloísa |

"Que tomam da espada", diz o texto, presumindo que não se trata daqueles a quem ela é transmitida para exercer o castigo. *"Pela espada perecerá"*, isto é, por tal temeridade incorrerá na condenação e na morte de sua alma. Teve vontade, pois, como se disse, de fugir da morte, e não de matar seu senhor. Mas, consentindo no assassinato no qual não deveria consentir, foi pecado esse seu injusto consentimento que precedeu o assassinato.

Se, talvez, alguém disser que teve vontade de matar seu senhor para fugir da morte, daí não se poderia simplesmente inferir que teve vontade de assassiná-lo. Do mesmo modo, se digo a alguém que é da minha vontade que ele receba minha capa para que me dê cinco soldos, ou que, por esse preço, de bom grado, terá a capa, nem por isso concedo que apenas tenho vontade de que a capa seja sua. E se alguém, constrangido ao cárcere, tiver vontade de pôr o filho em seu lugar, a fim de libertar-se, então simplesmente concedemos que teve vontade de encarcerar o filho, ao que é obrigado com grandes lágrimas e com muitos gemidos? Isso, consistindo numa grande dor da alma, que se quer chamar de vontade, chama-se antes passividade do que vontade. E é assim porque se tem vontade de alguma coisa em vista de outra, como que se dizendo que se tolera aquilo de que não se tem vontade em vista daquilo que se deseja. Desse modo, diz-se que o enfermo tem vontade de ser cortado e queimado para sarar, que os mártires têm vontade de padecer para se aproximarem de Cristo, ou que o próprio Cristo tem vontade da Paixão para que sejamos salvos, mas não nos obrigamos a conceder que tenham vontade, simplesmente, de tais sofrimentos.

Quando algo advém contra a vontade, só pode haver passividade, nem se pode padecer se há plena adesão da vontade a algo ou a um fato que deleite. E é certo que o Apóstolo que diz "desejo dissolver-me e ser com o Cristo" [Fl 1,23], isto é, morrer e ligar-me a ele, e também lembra, em outro lugar, que "Não temos vontade de ser despojados, mas de receber uma nova veste, a fim de que o mortal seja absorvido pela vida" [2Cor 5,4]. Santo Agostinho [no *Comentário ao Evangelho de São João*, 125, 5] lembra que essa doutrina foi também expressa pelo Senhor, quando disse a Pedro: "Estenderás as tuas mãos e outro te prenderá e te conduzirá aonde não tens vontade de ir" [Jo 21,18]. O próprio Senhor, pela fraqueza da natureza humana por ele assumida, disse ao Pai: "Se for possível, passa de mim este cálice, mas que não seja feito segundo a minha vontade, mas segundo a tua" [Mt 26,39]. Sua alma, no entanto, pelo peso da natureza, temia sofrer até a morte, nem era voluntário aquilo que sabia destinado a ele como pena. Daí que, quando a Escritura diz que o Senhor "imolou-se por vontade própria" [Is 53,7], deve-se entender ou como referido à natureza divina, por cuja vontade se determinou que a humanidade assumida por ele devesse sofrer, ou entender "ter vontade" no sentido de "dispor", segundo as palavras do Salmista: "Tudo o que teve vontade, ele o fez" [Sl 113,3]. Resulta, portanto, que às vezes o pecado é cometido sem uma vontade de todo má, do que se segue certamente que não se diz que o pecado é vontade.

Tu retrucas que não há dúvida que seja assim quando pecamos coagidos, mas não quando se peca voluntariamente, como quando se tem vontade de cometer algo que sabemos não dever ser, de modo nenhum, cometido por nós. Aqui, vontade má e pecado são o mesmo. Por exemplo, alguém vê uma mulher e, tomado de concupiscência, sua mente se vê levada pelo prazer carnal até aquecer-se em vista da torpeza do coito. Ora, essa vontade e esse desejo torpe o que seriam senão pecado?

Respondo: E se essa vontade for refreada pela virtude da temperança, mas não extinta, e lute e combata permanentemente sem se dar por vencida por nós? Como pode haver luta sem aquilo contra o qual lutar, e um grande prêmio sem pesado esforço? Não havendo combate, cessa a luta, mas então é momento de receber o prêmio. Aqui, estamos empenhados no combate para, no Além, recebermos a coroa dos triunfantes. Mas para que haja verdadeira luta, é preciso que haja um inimigo que resista e que não ceda imediatamente. Esse inimigo é, na verdade, a nossa vontade má, sobre a qual triunfamos quando nos submetemos à vontade divina, embora sem extingui-la de todo, de modo que sempre haja um inimigo a combater.

| Antologia: excertos das obras de Abelardo e uma carta de Heloísa |

Com efeito, o que realizamos de grandioso em honra de Deus se não suportamos nada adverso à nossa vontade, mas antes fazemos o que é segundo nossa vontade? Quem teria reconhecimento por nós se, naquilo que por ele fazemos, satisfazemos a nossa vontade? Mas, dirás, que mérito adquirimos junto a Deus porque agimos segundo nossa vontade ou malgrado nosso? Respondo que, por certo, nenhum, pois Deus, ao dar a retribuição, pesa antes a alma [*animo*] do que a ação e, como mostraremos à frente, a ação não acrescenta o que quer que seja ao mérito, tanto faz que proceda ou de boa vontade ou de má vontade. Na verdade, quando antepomos a vontade de Deus à nossa, seguindo antes a dele do que a nossa, obtemos um grande mérito junto a ele, segundo a perfeição da Verdade, que diz: "Não vim para que seja feita a minha vontade, mas a daquele que me enviou" [Jo 6,38]. E que a isto nos exorta quando diz: "Se alguém vem a mim e não odeia pai e mãe e inclusive sua alma, não é digno de mim" [Lc 14,26], isto é, se não renuncia às suas próprias sugestões e ou à sua própria vontade para submeter-se a meus preceitos. Portanto, assim como nos é ordenado odiar o pai, mas não é ordenado matá-lo, o mesmo se diga sobre a vontade: não devemos segui-la, mas tampouco destruí-la nos seus fundamentos. De fato, aquele que diz: "não siga a tua concupiscência e desvia-te da tua vontade" [Eclo 18,30] prescreve não condescender com nossa concupiscência, mas não ordena que não a tenhamos. Pois a concupiscência é vício, mas eliminá-la é impossível para a nossa fraqueza. Portanto, não é pecado ter concupiscência por uma mulher, mas é pecado consentir na concupiscência; nem é condenável a vontade da união carnal, mas consentir com tal vontade.

Assim como falamos sobre a luxúria, vejamos agora sobre a gula. Alguém passa pelo pomar de um outro e, vendo frutos deleitáveis, sente concupiscência de comê-los, sem, todavia, consentir com sua concupiscência; desse modo, nem furta nem rouba qualquer daqueles frutos, embora sua mente se acenda de grande desejo por eles. Ora, onde está o desejo, sem dúvida alguma está a vontade. Ele deseja comer os frutos de um outro sem duvidar que se deleitará. É a própria natureza de sua fraqueza que o compele a

| 117 |

desejar o que não é lícito tomar sem que o dono o saiba ou o permita. Reprime o desejo, sem extingui-lo, mas, não sendo atraído ao consentimento, não incorre em pecado.

Aonde levam esses exemplos? Patenteiam que, em tais casos, de modo nenhum se pode chamar pecado a própria vontade ou o desejo de fazer o que não é lícito, mas antes, como se disse, é consentir neles que é chamado de pecado. Na verdade, consentimos com algo ilícito quando não hesitamos em perpetrá-lo, na oportunidade em que nos for facultado. Assim, qualquer um que se encontre com tal propósito é integralmente culpável, nem pô-lo em obra acrescenta o que quer que seja que aumente o pecado, mas, diante de Deus, aquele que se esforça o quanto pode para agir segundo tal propósito e que, na medida em que está ao seu alcance, tudo faz para realizá-lo, já é igualmente réu, tanto quanto, lembra Agostinho [em O *Livre Arbítrio*, I, 3], se fosse surpreendido em plena realização do ato.

Embora a vontade não seja, pois, pecado, uma vez que, como já disse, às vezes cometemos pecado sem ela, alguns, no entanto, dizem que todo pecado é voluntário, embora estabeleçam certa diferença entre o pecado e a vontade, na medida em que se diz que a vontade é diferente do que é voluntário, ou seja, que uma coisa é a vontade, outra aquilo que se comete por meio da vontade. Mas, se na verdade pecado é o que afirmamos acima, isto é, desprezar a Deus ou consentir com aquilo que cremos que ofende ao próprio Deus, de que modo podemos dizer que o pecado é voluntário, isto é, que é da nossa vontade desprezar a Deus – que é o pecado – e que nos tornamos culpados ou dignos da condenação? Embora tenhamos vontade de fazer algo que sabemos que deve ser punido, ou pelo que nos tornamos dignos de punição, nem por isso temos vontade de ser punidos. É manifestamente iníquo que tenhamos vontade de fazer o que é iníquo, mas não a vontade de sofrer, por equidade, a pena justa. Desagrada-nos a pena que é justa, agrada-nos a ação injusta. Acontece mesmo que se tenha vontade de unirmo-nos a uma mulher que sabemos ser casada, atraídos por sua beleza; todavia, a vontade que temos não é de cometer adulté-

| Antologia: excertos das obras de Abelardo e uma carta de Heloísa |

rio, mas sim de que não fosse casada. Há muitos, ao contrário, que, motivados pela vanglória, desejam antes as mulheres dos poderosos, justamente porque são as mulheres de tais homens, e mais do que se fossem solteiras. Preferem o adultério à fornicação, isto é, preferem se exceder mais do que menos.

Há alguns que lamentam muito serem empurrados para o consentimento à concupiscência ou à vontade má, e é pela fraqueza da carne que são constrangidos a ter vontade daquilo de que não têm vontade de ter vontade. Não posso ver, pois, como chamar de voluntário este consentimento que damos sem ter vontade de dá-lo, como pensam, dissemos, aqueles que querem qualificar todo pecado de voluntário, a não ser que entendamos por "voluntário" algo que é não necessário, uma vez que nenhum pecado é, com efeito, inevitável, ou então que chamemos "voluntário" aquilo que procede de qualquer vontade, pois aquele que é constrangido a matar seu senhor, não tendo vontade de matá-lo, no entanto comete esse ato em virtude de uma vontade, com efeito, a de evitar ou retardar a própria morte.

[...]

***

3. Da *Teologia do sumo bem*. O que significa "pessoa".

Livro II, Capítulo V: "De que modos se diz 'pessoa'".[4]

Concerne à diversidade das definições ou dos próprios[5] o que diz Agostinho no livro VII de *A Trindade*: "Para Deus, uma coisa é Ser, outra é ser Pai", embora haja em Deus identidade numérica

---

[4] *Theologia Summi boni*, em *Petri Abaelardi Opera Theologica III*. Cura et studio Eligius M. Buytaert & Constant J. Mews. *Corpus Christianorum. Continuatio Medievales*, 13. Turnholt: Brepols, 1987, p. 152-156. Foi utilizada também a tradução francesa: Abélard, *Du bien suprême (Theologia 'Summi boni')*. Introduction, traduction et notes par Jean Jolivet. Paris: Vrin, 2001², p. 85-88. Tradução de José C. Estêvão.

[5] O "próprio" é um dos cinco termos de que trata a *Isagoge* de Porfírio. Como lembra Abelardo na *Lógica para principiantes*, o "próprio" diz respeito a todos os indivíduos da espécie, sempre ocorre na espécie e apenas nela. Por exemplo, rir é próprio do homem (de todos os homens e apenas deles).

| 119 |

entre o Ser e o Pai. Se quisermos exprimir mais precisamente o que significa a palavra "pessoa" no que diz respeito a Deus, diremos que ele é ou Pai, isto é, potente, ou Filho, isto é, sábio, ou Espírito Santo, isto é, bom. E que Deus seja três pessoas é o mesmo que dizer que ele é simultaneamente Pai, Filho e Espírito Santo. Dizer que o Pai e o Filho e o Espírito Santo são três pessoas *distintas* é o mesmo que dizer que não há nenhuma dependência mútua entre elas, pela qual Deus, sendo Pai, isto é, potente, seria Filho, isto é, conhecedor (ou o inverso); ou que, sendo Pai, seria o Espírito Santo, isto é, bom (ou o inverso); ou que, sendo Filho, seria o Espírito Santo (ou o inverso).

Não é de surpreender que na mesma substância divina se distingam três pessoas segundo a razão exposta, pois igualmente na ciência gramática concedemos que um mesmo homem seja três pessoas: a primeira pessoa quando ele fala; a segunda pessoa quando se fala a ele; a terceira pessoa quando se fala dele a um outro. Essas pessoas que são diversas, embora sua substância seja a mesma, não podem ser distinguidas senão pelos seus próprios, que são expressos pelas definições, ou seja, é diferente o próprio daquele que fala, enquanto fala, do próprio quando ouve ou do próprio quando se fala sobre ele a um outro; do mesmo modo, a diversidade das Pessoas divinas é assinalada segundo o que é próprio de suas definições. Além disso, assim como na gramática, ao dizermos "três pessoas" inteligimos determinadamente aquele que é o falante, aquele a quem se fala, aquele de quem se fala, como lembramos, igualmente em doutrina divina [*in divinitate*],[6] quando dizemos que há três Pessoas, deve-se inteligir determinadamente o Pai, o Filho, o Espírito Santo, como mostramos acima. Caso contrário, provavelmente atribuiríamos a Deus mais do que três pessoas.

Já os retóricos, de modo diverso dos que tratam da doutrina divina [*divini*] e dos gramáticos, também concebem "pessoa",

---

[6] Abelardo ainda não usa, na *Teologia do sumo bem*, os termos "teologia" e "teólogo" (ao contrário do que ocorre nas passagens paralelas da *Teologia cristã*). Aqui, o texto latino traz *divinitate* e seus derivados, termos que não foram preservados em português e que exigem as perífrases.

| ANTOLOGIA: EXCERTOS DAS OBRAS DE ABELARDO E UMA CARTA DE HELOÍSA |

a saber, como substância racional, quando se trata claramente de pessoa e de causa [jurídica], e distinguem os tópicos retóricos que se referem ou à pessoa ou à causa. É a significação assumida por Boécio quando diz, no livro IV dos *Tópicos*: "[a causa] não inclui a culpa que decorre do que não se pode nem obstar nem evitar, e da qual, no entanto, o agente não é pessoa. Tais casos dizem respeito a outra norma". Também chamamos de "pessoas" [personagens] os comediantes que representam através de atos e palavras. Este nome "pessoa" toma-se, pois, de três modos, ou seja, de um modo pelos que tratam da doutrina divina, de outro pelos gramáticos e de outro pelos retóricos, como se declarou acima.

Além disso, como assinalamos no início desta obra, nas três Pessoas divinas, isto é, Pai, Filho e Espírito Santo, consiste toda a perfeição do bem, e tudo que é pertinente à perfeição do bem está compreendido nas três; daí que só essas três Pessoas sejam diferenciadas, pois esses três nomes, em virtude de sua significação, incluem em si tudo que indica o bem. Que Deus seja eterno, vem de sua potência, sem que seja preciso nenhum princípio pelo qual subsista; que seja justo ou misericordioso, vem de sua bondade, pois a justiça é atribuir a cada um o que é seu, retribuindo ou penas ou glórias de acordo com o mérito. Ora, isso provém do sentimento de bondade, que tem como ímpio não vingar o mal e, ao contrário, como pio vingar as injúrias. Daí que também a vingança seja atribuída à bondade, bondade que é designada com o nome Espírito, segundo está escrito: "Pelo Espírito de sua boca matará o ímpio" [Is 11,4]. Similarmente, os outros nomes de Deus que são convenientes para determinar a perfeição desse sumo bem também se reduzem àqueles três.

Mas aqui ocorre uma gravíssima objeção: quando se diz "potente" e "sábio", isto é, Pai e Filho, a partir da potência e da sabedoria, como declaramos acima, por que uma Pessoa se distingue melhor pela sabedoria do que pela eternidade, se a eternidade diz respeito à potência tanto quanto à sabedoria? Seguindo esse raciocínio, não se atribuiriam a Deus muitas e inúmeras pessoas? Se a potência de Deus diz respeito tanto à ação quanto ao discernimento, assim como a sua benignidade diz respeito tanto à remuneração ou à generosidade gratuita quanto à vingança, então se podem distinguir Pessoas diversas tanto segundo a bondade quanto segundo a potência. Mas, se não convém distinguir Pessoas segundo tais efeitos da bondade, porque estes estão compreendidos na bondade, pela mesma razão nem pela potência de discernimento, que é a sabedoria, convém distinguir a Pessoa do Filho da Pessoa do Pai, pois nesta potência, pela qual se diz o Pai, está inclusa a sabedoria. Acaso seria mais razoável distinguir as Pessoas antes segundo o que é profundamente diverso, do que pelo que é o mesmo,[7] de tal modo que, havendo no mesmo Espírito sete dons inteiramente diversos, pelos quais ele é dito "sete Espíritos", distinguíssemos no mesmo Espírito diversas Pessoas segundo os diferentes dons, ao passo que, pela potência em absoluto e pela potência de discernimento, que é a sabedoria, reconhecemos duas Pessoas?

Respondo que não assumi a tarefa de mostrar por que as Pessoas divinas são distintas de um modo e não de outro, mas de mostrar como o modo pelo qual são distintas pode ser convenientemente tomado, e nossa fé defendida de qualquer um que questione não ser possível sustentar o que cremos. Elucidar por que a distinção se faz de tal modo pertence ao próprio Deus, do qual provém esta fé, na vontade do qual consiste incomutavelmente a causa de todas as coisas, de nada valendo a razão humana para compreender a menor delas. De modo algum admitimos que haja em Deus mais ou menos do que três Pessoas, pois em Deus "pessoa" quer dizer ou Pai ou Filho ou Espírito Santo, como definimos acima. Provêm dos filósofos muitas afirmações que são confirmadas apenas pela autoridade dos filósofos, sem qualquer razão aparente. Muito mais se aceita aquilo que provém de Deus, inclusive quando se evidencia a razão pela qual se fala dessa distinção em três Pessoas – para recomendar ou descrever o sumo bem, ou antes, como lembramos

---

[7] O capítulo anterior da *Teologia do sumo bem* é dedicado aos conceitos de "mesmo" e "diverso" e distingue seis acepções de "mesmo". Aqui se trata do "mesmo essencialmente, como a substância deste homem e deste animal" (TSb, l. II, c. IV, p. 150).

| Antologia: excertos das obras de Abelardo e uma carta de Heloísa |

acima, para exortar ao culto a Deus –, embora não tenhamos a razão pela qual a perfeição do sumo bem seja descrita desse modo e não de outro, uma vez que provavelmente ela poderia ser descrita e ensinada de muitos outros modos.

Após haver examinado [no Livro II] acerca da identidade e da diversidade das coisas, assinalado em que consiste a unidade de Deus e como se entende a trindade das Pessoas, retornemos às questões e objeções supracitadas, respondendo-as ordenadamente, segundo Deus o consinta.

Terminam o capítulo V e o Livro II.

***

4. Prólogo do *Sim e não* (excertos).[8]

Visto que, numa tão grande multidão de palavras, até mesmo alguns pronunciamentos dos santos [padres] pareçam não apenas diferentes uns dos outros, mas até mesmo divergentes uns dos outros, não se deve julgar temerariamente acerca destes pelos quais o próprio mundo deverá ser julgado, como está escrito: "os santos julgarão as nações" [Sb 3,8] – e ainda: "vós também vos assentareis para julgar" [Lc 22,30]. Nem presumamos acusar como mentirosos ou desprezar como errôneos aqueles aos quais foi dito pelo Senhor: "quem vos ouve, me ouve; quem vos despreza, me despreza" [Lc 10,16]. Reconhecendo, pois, nossa franqueza, admitamos que muito mais nos faltou a graça, ao entender, do que a eles, ao escrever, aos quais foi dito pela própria verdade: "de fato, não sois vós que falais, mas o espírito de vosso Pai quem fala em vós" [Mt 10,10]. Que há, pois, de extraordinário se, ausentes em nós o

---

[8] *Sic et non* [ed. Henke & Lindenkohl], em *Petri Abaelardi Opera omnia*, Migne, *Patrologia latina*, vol. 178; cols. 1339-1349. Paris: Garnier, 1855. Reedição: Turnholt: Brepols, 1995. Comparado com *Sic et non. A critical edition* by Blanche B. Boyer and Richard McKeon. Chicago: University Press, 1976, p. 89-104. Foi utilizada também a tradução francesa de Jean Jolivet, publicada em *Abélard ou la philosophie dans la langage*. Paris: Seghers, 1969 [1994²], p. 139-142. Os trechos que não foram traduzidos, indicados pelas reticências entre colchetes, são constituídos predominantemente de citações. Tradução inédita de Carlos Arthur Ribeiro do Nascimento.

| 123 |

próprio espírito pelo qual isto foi escrito e ditado e pelo qual foi ensinado aos escritores, nos falte a inteligência destes? Inteligência a que somos impedidos de chegar sobretudo pelo modo inusitado de falar e pela significação frequentemente diversa das mesmas palavras, visto que a mesma palavra é utilizada às vezes numa e às vezes noutra significação. Com efeito, na medida em que cada um tem um pensamento rico, igualmente o são suas palavras. E, de acordo com Cícero, visto que em tudo a uniformidade é mãe da saciedade, isto é, gere o fastio, é preciso variar as palavras acerca da mesma coisa e não pôr tudo a nu por meio de palavras vulgares e comuns. Como diz santo Agostinho, isso é escondido para não perder o valor, e é tanto mais agradável quanto é investigado com maior esforço e mais dificilmente conquistado. Muitas vezes também é preciso mudar as palavras por causa da diversidade daqueles aos quais falamos, visto que frequentemente acontece que a significação própria das palavras é desconhecida de alguns ou menos usual. Aos quais, se quisermos falar para instruí-los como é preciso, deve-se buscar de preferência o seu uso do que a propriedade da expressão, como ensina o próprio Prisciano, príncipe da Gramática e organizador das palavras. [...]

Quem não vê quanto é temerário alguém julgar o sentimento e o entendimento de outrem, visto que os corações e pensamentos estão abertos somente a Deus que, inclusive, nos afasta dessa presunção ao dizer: "não julgueis e não sereis julgados" [Lc 6,37]. E o apóstolo acrescenta: "não julgueis antes do tempo, até que venha o que iluminará o que está escondido nas trevas e manifestará os desígnios dos corações" [1Cor 4,5], como se dissesse claramente: confiai nisto o julgamento àquele que é o único a conhecer tudo e a discernir os próprios pensamentos, de acordo com o que também está escrito tipologicamente acerca de seus mistérios ocultos sobre o cordeiro pascal: "se sobrar algo, seja queimado no fogo" [Ex 12,10], isto é: se houver algo dos mistérios divinos que não conseguimos entender, deixemo-lo de preferência para ser ensinado pelo espírito, por quem foi escrito, antes de temerariamente o definir.

| Antologia: excertos das obras de Abelardo e uma carta de Heloísa |

Do mesmo modo é preciso prestar cuidadosamente atenção, quando nos são apresentados alguns pronunciamentos dos santos como sendo opostos ou afastados da verdade, para não sermos enganados por uma falsa inscrição do título ou pela corrupção do próprio escrito. Pois muitos apócrifos são intitulados com os nomes dos santos para que sejam dotados de autoridade, e algo nos escritos dos próprios testamentos divinos foi corrompido por erros dos copistas. [...]

Julgo também que não se deve prestar menos atenção se o que é alegado dos escritos dos santos não é tal que, ou foi retratado por eles alhures e corrigido depois de terem conhecido a verdade, como santo Agostinho o fez muitas vezes, ou se não pronunciaram a sentença mais de acordo com a opinião dos outros do que de acordo com a sua própria; [...]; ou antes deixaram sob questão a pesquisar do que remataram com uma determinação. [...]. Sabemos também, de acordo com o testemunho de são Jerônimo, que era costume dos doutores católicos inserirem no seu comentário algumas das péssimas opiniões dos heréticos no meio de suas próprias sentenças, pois, procurando a perfeição, agradavam-se de nada omitir dos antigos. [...].

Também deve ser cuidadosamente separado, quando acerca do mesmo há pronunciamentos diversos, o que visa a obrigação estrita do preceito e o que visa o abrandamento da indulgência ou a exortação da perfeição, de modo a procurarmos remédio para a divergência de acordo com a diversidade das intenções. Se se trata de um preceito, ele é geral ou particular, isto é, é dirigido a todos de modo comum ou a alguns de modo especial? Devem também ser distinguidos os tempos e as circunstâncias das regulamentações, pois frequentemente o que é permitido num tempo encontra-se proibido noutro tempo, e o que é o mais das vezes rigorosamente preceituado é abrandado, às vezes, pela regulamentação. É necessário que isto seja distinguido sobretudo nas regulamentações de decretos ou cânones eclesiásticos.

No mais das vezes, no entanto, encontrar-se-á uma solução fácil das controvérsias se pudermos sustentar que as mesmas palavras foram utilizadas pelos diversos autores em significações diversas.

De todos esses modos supracitados, o leitor cuidadoso tentará resolver as controvérsias nos escritos dos santos. Se por acaso a controvérsia for tão manifesta que não possa ser resolvida por nenhuma razão, as autoridades devem ser comparadas, e a que for mais forte e de maior confirmação deve de preferência ser retida. [...]. Consta que até mesmo aos próprios profetas às vezes faltasse a graça da profecia e que, pelo costume de profetizar, crendo terem o espírito de profecia, dissessem algo falso procedendo de seu próprio espírito. Isso foi permitido para conservação da humildade, para que assim conhecessem mais verdadeiramente como eram pelo espírito de Deus e como pelo seu próprio, e que tinham o não poder mentir ou enganar-se, como o tinham, por dom. O que também é tido, assim como não confere todos os dons a um, assim também não ilumina acerca de tudo a mente daquele que cumula, mas revela às vezes isto, às vezes aquilo, e quando esclarece um, oculta o outro. [...]

Que há, pois, de espantoso se em tão numerosos escritos dos santos padres, alguns pela causa da supracitada pareçam ditos e escritos erroneamente, uma vez que consta que nem mesmo os próprios profetas e apóstolos foram inteiramente isentos de erro? Também não é admissível acusar os santos como se fossem réus de mentira se às vezes, ao julgarem, dizem algo distinto do que apresenta a verdade da coisa, não por duplicidade, mas por falta de conhecimento; nem se deve atribuir à presunção ou ao pecado o que é dito por caridade e para alguma edificação, visto constar que tudo deve ser examinado junto ao Senhor de acordo com a intenção. Esse gênero de escritos não deve ser lido com a obrigação de crer, mas com a liberdade de julgamento.

No entanto, para que a esta não fosse interditado o lugar e se admirasse nos pósteros o trabalho salubérrimo da língua e da pena para manejar e tratar das questões difíceis, a excelência da autoridade canônica do Antigo e do Novo Testamento foi distinguida dos livros posteriores. Se aí se trata de algo como que absurdo,

| Antologia: excertos das obras de Abelardo e uma carta de Heloísa |

não é permitido dizer: "o autor deste livro não se ateve à verdade"; mas, ou o manuscrito é defeituoso, ou o tradutor errou, ou tu não entendes. Mas nos opúsculos dos que vieram depois, que estão contidos em inúmeros livros, se acaso algo for julgado dissentir do verdadeiro pelo motivo de que tal como está dito não se entende, o leitor ou o ouvinte goza aí de livre apreciação, aprovando o que lhe agradar e desaprovando o que o chocar. Por isso, tudo que assim se apresentar, a não ser que seja defendido por razão certa ou por aquela autoridade canônica, de modo a se demonstrar que o que é aí discutido ou narrado é exatamente assim ou poderia ser, se desagradar a alguém ou não quiser crer, nada há de repreensível. Diz-se que as escrituras do Antigo e do Novo Testamento são recursos nos quais professar que algo discrepa da verdade é herético. [...]

Dito isso, apraz-nos, como decidimos, reunir diversos pronunciamentos dos santos padres, à medida que ocorram à nossa memória, que provoquem uma questão por causa de alguma discordância que pareçam ter, que incitem os leitores iniciantes ao exercício máximo da pesquisa da verdade e os tornem mais penetrantes por meio da pesquisa. Com efeito, a primeira chave da sabedoria é definida como a assídua ou frequente interrogação. Aristóteles, o mais perspicaz dos filósofos, exorta os estudiosos a apoderar-se dela com todo o ardor, ao falar da categoria da relação: "talvez seja difícil pronunciar-se resolutamente acerca destas coisas, a não ser que sejam tratadas muitas vezes; examinar, porém, tudo não será inútil" [*Categorias*, V, 8 b 22]. Pois, examinando, chegamos à pesquisa; pesquisando, descobrimos a verdade. Estando também de acordo com isto a própria verdade: "buscai e achareis, batei e abrir-se-vos-á" [Mt 7,7]. A qual, nos instruindo também pelo exemplo, quis encontrar-se, por volta de seus doze anos, sentada e perguntando no meio dos doutores, mostrando-nos de preferência a figura do discípulo ao perguntar à do mestre pela pregação, embora estivesse na própria sabedoria plena e perfeita de Deus. Quando, porém, alguns pronunciamentos das Escrituras são aduzidos, tanto mais excitam o leitor e atraem para pesquisar a verdade, quanto mais se louva a autoridade da própria Escritu-

| José Carlos Estêvão |

ra. Donde ter sido do nosso agrado antepor nesta nossa obra, que compilamos dos pronunciamentos dos santos e reunimos num volume, o decreto do papa Gelásio acerca dos livros autênticos, pelo que se saiba que não aduzimos aqui nada dos apócrifos. Acrescentamos também excertos das *Retratações* de santo Agostinho, pelos quais fique claro que nada está citado aqui daquilo que ele corrigiu pela retratação.

Termina o Prólogo.

***

5. Primeira carta de Heloísa.[9]

Ao seu senhor ou, antes, pai; a seu marido ou, antes, irmão; tua serva ou, antes, filha; tua esposa ou, antes, irmã; a Abelardo, Heloísa.

Uma carta tua, querido, enviada a um amigo como consolação, há pouco tempo me foi entregue casualmente por alguém. Percebendo de imediato, pelo cabeçalho, que era tua, comecei a lê-la tão ardorosamente quanto abraço amorosamente quem a escreveu, para recriar aquele que perdi na realidade, ao menos pelas palavras, segundo certa imagem tua. Lembro-me que era cheio de fel e absinto quase tudo o que na carta se referia à miserável história de nossos votos religiosos e às tuas, oh meu único, cruzes contínuas. Cumpriste, de fato, na carta o que prometeste ao amigo no teu exórdio: reputar como nulos ou pequenos os infortúnios dele em comparação com os teus.

Começas expondo as perseguições de teus mestres contra ti, depois o que foi feito em teu corpo pela suprema traição; e a execrável inveja e o vergonhoso ataque de teus condiscípulos Alberico de Reims e Lotulfo, o Lombardo, sem omitir o que aconteceu, por influência deles, com a tua gloriosa obra de teologia, e que tu pró-

---

[9] "Heloyse sue ad ipsum deprecatoria", em Abélard, *Historia calamitatum*. Texte critique avec une introduction par Jean Monfrin. Paris: Vrin, [1959] 2002⁵, p. 111-117. Tradução de José C. Estêvão. A prosa de Heloísa é ritmada e, muitas vezes, rimada, elementos que não pudemos manter em nossa tradução.

| 128 |

| Antologia: excertos das obras de Abelardo e uma carta de Heloísa |

prio foste condenado como que à prisão. Narraste as maquinações do teu abade e de teus falsos irmãos e as acusações, tão graves para ti, de dois pseudoapóstolos, instigados pelos inimigos já referidos. E o escândalo feito por muitos por dares a teu oratório, fora do que é costumeiro, o nome de Paracleto. Concluis a triste história com as intoleráveis perseguições, que ainda continuam, daquele tão cruel exactor[10] e dos péssimos monges que chamas de filhos.

Creio que ninguém pode lê-la ou ouvi-la com os olhos secos. Tanto quanto é cuidadoso o relato dos eventos, renovou amplamente minhas dores e mesmo as tornou maiores, porque para ti ainda crescem os perigos. Todas nós somos obrigadas a desesperar da tua vida, e nossos corações trepidando e nossos peitos arfando temem a cada dia os rumores finais sobre teu assassinato.

Por aquele que de algum modo ainda te protege, por Cristo, de quem somos pequenas servas, assim como de ti mesmo, te esconjuramos a que te dignes a nos escrever com frequência para que nos certifiquemos a teu respeito, pois ainda flutuas como um náufrago, e para que possas ter conosco, teu único remanso, quem participe de tuas dores e de tuas alegrias. A participação nas dores traz, em geral, alguma consolação para quem sofre, e qualquer fardo se torna mais leve quando suportado ou transportado por muitos. Se esta tempestade amainar um pouco, que tanto mais frequentes sejam as cartas quanto no futuro elas serão alegres. Mas seja o que for que nos escrevas, não será pequeno o reconforto que nos trarás, dando mostras de que continuamos na tua memória.

Sêneca nos ensina, pelo seu próprio exemplo, quanta alegria nos dá a carta de um amigo ausente, quando escreve a seu amigo Lucílio: "Agradeço por me escreveres tão frequentemente. Assim, te mostras a mim do único modo que podes. [...]". Graças a Deus que deste modo nenhuma inveja proíbe a tua presença entre nós, nenhuma dificuldade te impede, e suplico que nenhuma negligência te retarde.

---

[10] O senhor da região do mosteiro de Saint-Gildas-de-Rhuys, do qual Abelardo é abade.

Escreveste uma longa carta de consolação a um amigo e não falaste das adversidades dele, mas das tuas. Para consolá-lo, tu as lembraste tão pormenorizadamente que multiplicou o nosso desconsolo e, querendo tratar as feridas dele, tu nos infligiste a dor de novas feridas, aumentando ainda as antigas.

Cura, suplico, as feridas que tu fizeste, tu que buscas curar as que outros causaram. Para com teu amigo e companheiro pagaste o débito da amizade e do companheirismo, mas bem maior é o débito que tens para conosco, que não devemos ser chamadas de amigas, mas de amicíssimas, nem de companheiras, mas de filhas, ou pela mais doce e santa palavra que se possa pensar. Quanto ao débito que tens para conosco, não são precisos nem argumentos, nem testemunhos, como se houvesse dúvida a ser comprovada: se todos se calassem, as coisas mesmas clamariam.

Só tu, depois de Deus, és o fundador deste lugar [o Paracleto], só tu és o construtor deste oratório, só tu és o edificador desta congregação. Nada edificaste sobre fundamentos lançados por outros. Tudo que aqui está é obra tua. Neste deserto, apenas vagavam feras e ladrões, sem nenhuma habitação humana, nenhuma casa. Entre covis de feras e esconderijos de ladrões, onde não se costumava pronunciar o nome de Deus, erigiste um tabernáculo divino e dedicaste um templo ao Espírito Santo. Para edificá-lo, nada tomaste das riquezas dos reis ou dos príncipes, ainda que pudesses tê-las muitas e grandes, para que tudo que aqui foi feito só fosse atribuído a ti. Clérigos e estudantes acorriam céleres aos teus ensinamentos e proviam todas as tuas necessidades. Aqueles que viviam de benefícios eclesiásticos, mais propensos a receber do que a ofertar, cujas mãos mais sabiam tomar do que dar, aqui se faziam tão pródigos em doações que chegavam a importunar. Portanto, é tua, verdadeiramente tua, esta jovem plantação de santo propósito, cujas plantas tão tenras necessitam ser irrigadas para crescer e que, mesmo que não fosse recente, seria frágil pela fraqueza natural do sexo feminino. Por isso, exige cuidados diligentes e frequentes, tal como diz o Apóstolo: "Eu plantei, Apolo regou, Deus fez crescer" (1Cor 3,6). Pela sua pregação da doutrina, o Apóstolo plantara ou

| Antologia: excertos das obras de Abelardo e uma carta de Heloísa |

fundara na fé os coríntios, aos quais escrevia. Depois, foram regados pelas santas exortações de Apolo, discípulo do Apóstolo, de modo a que a graça divina os fizesse crescer em virtude.

Tu vindimas uma vinha alheia, que não plantaste, e te amargura o vazio das tuas admoestrações e o fracasso dos teus sacros sermões. Pois atenta ao que deves à tua vinha, tu que cuidas da alheia. Sem proveito, ensinas e pregas a rebeldes, em vão atiras aos porcos as pérolas da divina eloquência. Tu, que tanto dás aos obstinados, considera o que deves aos obedientes; tu, que és tão generoso com os inimigos, medita sobre o que deves às tuas filhas. Omitindo tudo mais, pensa no débito que tens para comigo e o que deves a esta comunidade de mulheres devotas, paga com mais devoção à tua única.

A grande excelência do teu conhecimento sabe melhor do que nossa ignorância quantos tratados doutrinais e de exortação ou consolação os santos Pais diligentemente escreveram para santas mulheres. Por isso, muito nos admira que tenhas por tanto tempo esquecido o frágil início de nossa vida monástica, e que nem a reverência a Deus, nem o nosso amor, nem o exemplo dos santos Pais te moveram a tentar me consolar, fosse por palavras, estando presente, ou por cartas, na tua ausência, enquanto eu vacilava e sofria continuamente, embora saibas o quanto estás obrigado para comigo pelo maior dos débitos, unido que estás a mim pelo sacramento do matrimônio, e tanto mais estreitamente porque, como todos sabem, sempre te amei sem limites. Sabes, querido, como todos sabem.

NOTA SOBRE AS "CARTAS DE AMOR"

Em 1974 foi publicado o texto de um manuscrito bastante surpreendente, nomeado *Epístolas de dois amantes*, a que o editor acrescentou uma pergunta: *Cartas de Abelardo e Heloísa?* A indicação de autoria é cuidadosa, mas é impossível não lembrar que, para nós, o título *Cartas de dois amantes* remete inevitavelmente ao livro de Rousseau: *Júlia ou A nova Heloísa: Cartas de dois amantes.*

Trata-se de um manuscrito do século XV, da mão de João de Vepria (está datado e assinado), que, tendo sido encarregado de rever o catálogo da biblioteca do mosteiro de Claraval (o mosteiro de são Bernardo), no decorrer de seu trabalho compilou uma coletânea de textos epistolares, entre os quais figura, no último caderno, uma seleção de passagens que diz serem retiradas "das epístolas de dois amantes", sem maiores indicações. Ora, a leitura das cartas mostra que elas teriam sido trocadas na primeira metade do século XII, na França, por um homem e professor, um grande "mestre de lógica", e uma mulher, uma jovem aluna, ambos habitando a mesma cidade. Não conhecemos muitas personagens que reúnam esses atributos...

A possibilidade de que as cartas de amor de Heloísa e Abelardo tivessem sido preservadas e encontradas (mesmo que fragmentadas) parece tão inverossímil que o texto se difundiu muito vagarosamente e, embora já viesse sendo estudado, só adquiriu maior notoriedade quando um grande especialista na obra de Abelardo (Constant J. Mews) resolveu investir seu prestígio em retirar o ponto de interrogação que sempre acompanhou o título, afirmando que sim, as cartas são de Abelardo e Heloísa.

De fato, não há dúvidas de que sejam do século XII (mas poderiam ser do *final* do século...); realmente parece que foram escritas a quatro mãos e que não se trata de um "romance epistolar", pois não narram uma história; usam palavras e expressões que são típicas de Abelardo, como, por exemplo, o neologismo *scibilitas*, isto é, "conhecibilidade" ou "inteligibilidade", que, ao que se saiba, só ocorre em textos de Abelardo. Até a constante comparação dele e dela às estrelas, à Lua e ao Sol, daria uma pista sobre o estranho nome que Abelardo e Heloísa escolheram para o filho: Astrolábio...

Mas a grande maioria dos historiadores não se deixou mover por tais argumentos. Seriam antes exercícios de estilo ou exemplos de um manual para escrever cartas (que foram muito comuns desde os fins do século XII). Tais ou quais termos não seriam assim tão típicos do estilo de Abelardo.

O problema é que o autor desses "exercícios" teria que conhecer muito bem (bem demais, talvez) a obra de Abelardo, inclusive citando passagens dos clássicos latinos que só ele, em sua época, citou em seus escritos.

Como se vê, a polêmica está muito longe de ser resolvida. Sobra que as cartas, isto é, os fragmentos que temos delas, são bonitos e interessantes. Ainda é cedo para que possam ser tomadas como testemunhos da mão de Abelardo e Heloísa, mas vale a pena lê-las pelo que são. Se forem deles, tanto melhor, nós os conheceremos melhor e até ficaremos sabendo que eles, como qualquer casal, também brigavam. Se não forem, aprenderemos que, afinal, não estavam assim tão sozinhos em seu tempo: outros também se amaram como eles.

BIBLIOGRAFIA

"Abelardo – Não é necessário fazer a menor ideia do que seja sua filosofia, ou, sequer, saber o título de suas obras. Fazer uma alusão discreta à mutilação que lhe infligiu Fulberto. Túmulo de Heloísa e de Abelardo: se lhe provarem que é falso, protestar: 'O senhor deita por terra as minhas ilusões'."

G. Flaubert, *Dicionário das ideias feitas*.[1]

Há um grande número de traduções, nas mais diversas línguas modernas, da correspondência de Abelardo e Heloísa, em geral das cinco primeiras cartas, as que fazem referência à vida de ambos: a *História das minhas calamidades*, duas cartas de Heloísa e mais duas de Abelardo (as demais cartas tratam de temas religiosos).

Em português, as traduções mais antigas são do começo do século XIX, e as mais recentes são a de Abel de Nascimento Pena, da *Historia calamitatum* e de duas cartas de Heloísa (Lisboa, Gulbenkian, 2008); *As cartas de Abelardo e Heloísa*, traduzidas por Laura Vasconcellos da versão francesa medieval de Jean de Meun (Lisboa, Guimarães, 2003), e a tradução de Zeferino Rocha, de um texto latino do século XVII (Recife, Ed. da UFPE, 1997). Todas em edição bilíngue. A tradução mais difundida é a *Correspondência de Abelardo e Heloísa* (São Paulo, Martins Fontes, 1989), feita a partir de uma versão francesa de Paul Zumthor (Paris, UGE, 1950, 1979). Foram as que utilizamos, confrontadas com as edições críticas de Jean Monfrin, de Joseph Muckle e de Eric Hicks.

[1] Trad. J. F. Amaral. Lisboa: Estampa, 1974.

| JOSÉ CARLOS ESTÊVÃO |

Acaba de ser publicada uma nova edição crítica, por David E. Luscombe, das Cartas I-VIII, com uma revisão da tradução inglesa mais difundida, a de Betty Radice (Oxford, Clarendon, 2013).

Em outras línguas, as traduções atualmente correntes são, em espanhol, a de Pedro Rodríguez Santidrián e Manuela Astruga (Madri, Alianza, 1993); em italiano, a mais recente e completa, de Ileana Pagani (Turim, UTET, 2004). Em inglês, além da antiga tradução de Betty Radice, publicada pela primeira vez em 1974, a tradução de toda a correspondência por Mary M. McLaughlin (com Bonnie Wheele, Nova York, Macmillan, 2009). Em francês, a clássica, de Octave Gréard, de 1859 (Paris, Gallimard, 2010) e a de Yves Ferroul (Paris, GF-Flammarion, 1996), além de cinco ou seis traduções publicadas ou republicadas nos últimos anos, das quais a mais interessante é a de Eric Hicks e Thérèse Moreau (Paris, Le Livre de Poche, 2007).

Carlos Arthur Ribeiro do Nascimento traduziu a "Primeira parte" da *Lógica para principiantes* (São Paulo, Ed. da UNESP, 1994, 2005²), publicada com um excelente estudo introdutório. Foi a tradução que citamos no texto e parte da qual ele, com anuência da editora, generosamente nos permitiu reproduzir aqui, assim como sua tradução inédita de excertos do Prólogo do *Sim e não*. O vol. VII da coleção *Os pensadores: Santo Anselmo de Cantuária, Pedro Abelardo*, inclui a mesma passagem da *Lógica para principiantes* e uma versão parcial da *História das minhas calamidades* (trad. de Ruy Nunes, São Paulo, Abril, 1973). Há excertos da *Ética* (*De Abelardo a Lutero*. Porto Alegre, Ed. da PUC-RS, 2003) e do Prólogo do *Sim e não* (*Filosofia medieval*. Porto Alegre, Ed. da PUC-RS, 2000) traduzidos por Luiz A. de Boni. Está em publicação uma tradução, por José Carlos Estêvão, da *Ética ou Conhece-te a ti mesmo*.

Os manuscritos com obras de Abelardo que chegaram até nós estão publicados, mas ainda estamos esperando uma edição crítica, usando todos os manuscritos conhecidos, das "Obras Completas". Em geral, estão traduzidos do latim para línguas modernas, afora a *Correspondência*, a *Ética* e as *Conferências* (ou o *Diá*-

| BIBLIOGRAFIA |

logo), boa parte da obra teológica (excetuando a *Teologia cristã*), o *Sim e não* (em particular o "prólogo"), os *Problemas* de Heloísa e as obras poéticas, além do tratado *Sobre as intelecções*, mas a obra de lógica (de quase duas mil páginas em edição atual) continua sem tradução, excetuando o começo da *Lógica para principiantes* e uns poucos excertos.

Escrito há muitas décadas, o livro de Étienne Gilson, *Heloísa e Abelardo* (São Paulo, Ed. da USP, 1938-1964[3], 2007), continua a ser o mais belo estudo sobre ambos. Só envelheceu a discussão final, acerca da autenticidade da *Correspondência*, embora se mantenha a posição do autor, favorável à autenticidade (sobre o posterior desenvolvimento da polêmica, veja-se o rápido estudo introdutório da edição brasileira). Mesmo assim, um historiador tão criterioso quanto, por exemplo, George Duby, embora sem discutir o problema extensamente, nunca se convenceu de que pudesse ser autêntica, como se pode ler em *Heloísa, Isolda e outras damas no século XII* (São Paulo, Cia. das Letras, 1995). O estado da questão é apresentado nas atas do colóquio *Petrus Abaelardus* (Trier, Paulinus, 1980), e sem mudanças significativas posteriores, segundo lembrou Jean Jolivet na abertura do colóquio *Pierre Abélard* (Rennes, PUR, 2003). Ainda mais recentemente, Jacques Dalarun publicou um importante artigo ("Nouveaux aperçus sur Abélard, Héloïse et le Paraclet", *Francia*, 2005, 32/1, p. 19-66) no qual, em particular, revê a datação do melhor manuscrito da *Correspondência* e apresenta uma sólida hipótese sobre a compilação, reforçando muito a tese da autenticidade.

Além disso, o grande especialista em Abelardo que é Constant J. Mews tem defendido que dispomos, desde 1974, de uma coleção de fragmentos das cartas de amor de Heloísa e Abelardo. Como aqui a discussão da atribuição só está começando, não nos valemos de referências a essa coleção.

A grande biografia clássica é a de Charles de Rémusat, *Abélard, sa vie, sa philosophie et sa théologie* (Paris, Laidrange, 1845). Das muitas biografias recentes, a mais ambiciosa é a de Michael T. Clanchy, *Abelard. A medieval life* (Oxford, Blackwell, 1997), uma

| José Carlos Estêvão |

obra extensa e instigante, embora um tanto prolixa – quase 500 páginas. Merecem menção, também entre muitas, três "biografias" literárias: *Heloise and Abelard*, de George Moore (Whitefish, Kessinger, 1925, 2003), de Helen Waddell, *Peter Abelard* (Phoenix, Buck Press, 1933, 2007) e, de Luise Rinser, *Abaelards Liebe* (Frankfurt, Fischer, 1991, aliás, traduzida para espanhol, inglês e italiano). A primeira biografia a levar em conta, de maneira criteriosa, os "fragmentos da correspondência amorosa" é *Abelard and Heloise* (Oxford, UP, 2005) de Constant J. Mews. Há pelo menos uma biografia brasileira mais difundida, a de Orlando Vilela, *O drama Heloísa-Abelardo* (São Paulo, Loyola, 1981, 1989³).

Especificamente sobre Heloísa, podem-se ler dois títulos antigos: Charlotte Charrier, *Héloïse dans l'histoire et dans la légende* (Genève, Slatkine Reprints, 1933, 1977) e Enid McLeond, *Heloise, a biography* (Londres, Chatto & Widus, 1938, 1971). Dois livros recentes, entre outros: a coletânea editada por Bonnie Wheeler, *Listening to Heloise: The voice of a Twelfth-Century woman* (Nova York, Palgrave, 2000) – no qual John Marenbon apresenta um bom resumo das discussões sobre a Correspondência –; e o de Guy Lobrichon, *Héloïse. L'amour et le savoir* (Paris, Gallimard, 2005). Werner Robl dedicou todo um livro à tentativa de descobrir qual seria a família de Heloísa: *Heloisas Herkunft: Hersindis Mater* (Munique, Olzog, 2001), aliás, com resultados totalmente diferentes dos de Lobrichon. Um dos melhores estudos sobre nossa percepção de Heloísa ainda é o de Peter von Moos, *Mittelalterforschung und Ideologiekritik. Der Gelehrtenstreit um Héloise* (Munique, Fink, 1974) – seguido por um importante conjunto de artigos em *Abaelard und Heloise* (Münster, LIT, 2005) –, bastante cético em relação à autenticidade da *Correspondência*, ou quanto à pertinência da discussão.

A melhor análise de fontes medievais é do historiador Peter Dronke, aliás, um forte defensor da autenticidade da *Correspondência*, em *Peter Abelard and Heloise in Medieval Testimonies* (republicado em *Intellectuals and poets in medieval Europe*. Roma, Storia e Letteratura, 1976, 1992).

| BIBLIOGRAFIA |

Em *Os intelectuais na Idade Média* (São Paulo, Brasiliense, 1957, 1989[2]), do historiador Jacques Le Goff, há um interessante capítulo sobre Abelardo, escrito de um ponto de vista provocativamente radical, mas que o autor soube defender muito bem em *Por um novo conceito de Idade Média* (Lisboa, Estampa, 1977, 1993[2]), além de incluir Abelardo entre as "personagens de ontem para os dias de hoje": *Cinq personnages d'hier pour aujourd'hui. Boudha, Abélard, Saint François, Michelet, Bloch* (Paris, La Fabrique, 2001). Sobre as principais mudanças de mentalidade no século XII, há o belo estudo do frade dominicano Marie-Dominique Chenu (para quem Abelardo é "o primeiro homem moderno"): *O despertar da consciência na civilização medieval* (São Paulo, Loyola, 1969, 2006). Além do clássico *La théologie au douzième siècle* (Paris, Vrin, 1976[3]), do mesmo autor. De George Duby, relativos ao tema, estão traduzidos *São Bernardo e a arte cisterciense* (São Paulo, Martins Fontes, 1979, 1990), assim como *O tempo das catedrais. A arte e a sociedade: 980-1420* (Lisboa, Estampa, 1976, 1993[3]).

Com intuito de divulgação, Jean Jolivet escreveu dois livros introdutórios: *Abélard ou la philosophie dans la langage* (Paris, du Cerf, 1969, 1994[2]) e *La théologie de Abélard* (Paris, du Cerf, 1997). O estudo sobre Abelardo pode ter continuidade com a leitura de duas outras obras do mesmo comentador: a coletânea de artigos *Aspects de la pensée médiévale: Abélard. Doctrines du langage* (Paris, Vrin, 1989) e o denso *Arts du langage et théologie chez Abélard* (Paris, Vrin, 1969, 2002[3], ed. rev.), talvez o trabalho de maior fôlego já realizado a respeito do tema. Jolivet também traduziu para o francês a *Teologia do sumo bem* – aliás, duas vezes, porque as edições disponíveis do texto latino melhoraram muito entre uma e outra tradução – (Paris, Vrin, 1978 e 2001) e, junto com o historiador Jacques Verger, escreveu uma interessante biografia comparada que, em sua segunda edição, tem como título *Le siècle de saint Bernard et Abélard* (Paris, Perrin, 1982, 2006[2]).

Duas apresentações gerais da obra de Abelardo em boas coleções e manuais são, em inglês, *The Cambridge companion to Abelard* (Cambridge, UP, 2004), editado por Jeffrey E. Brower e Kelvin Guilfoy, e, em alemão, *Peter Abaelard. Leben, Werk, Wirkung* (Freiburg, Herder, 2003), editado por Ursula Niggli. O historiador da Filosofia Medieval português Mário Santiago de Carvalho faz uma breve apresentação de Abelardo em *Lógica e paixão. Abelardo e os universais* (Coimbra, Minerva, 2001), centrada, como diz o título, na questão dos universais. O livro mais abrangente sobre a filosofia de Abelardo é o de John Marenbon, *The philosophy of Peter Abelard* (Cambridge, UP, 1997). Marenbon também publicou, recentemente, *Abelard in four dimensions: A Twelfth-Century philosopher in his context and ours* (Notre Dame, UP, 2013).

Sobre temas particulares, os artigos de Francisco Bertelloni acerca da questão dos universais em Abelardo são uma excelente análise do problema (*Patristica et Mediaevalia*, Buenos Aires, 1986-1988, n. 7-9). Seguidos da interessante coletânea feita por Antonio Tursi e María Florencia Marchetto e apresentada por Bertelloni: *La cuestión de los universales en la Edad Media. Selección de textos de Porfirio, Boecio y Pedro Abelardo* (Buenos Aires, Winograd, 2010). Paul V. Spade também publicou uma consistente compilação de textos relativos à questão: *Five texts on the mediaeval problem of universals: Porphyry, Boethius, Abelard, Duns Scotus, & Ockham* (Indianapolis, Hackett, 1994). O texto de referência sobre a lógica de Abelardo continua a ser o de Maria Teresa Fumagalli, *La logica di Abelardo* (Florença, La Nuova Italia, 1964, 1969²) e um estudo mais recente é o de Roberto Pinzani, *La grammatica logica di Abelardo* (Parma, Università degli Studi di Parma, 1992) – aliás, ambos os livros foram traduzidos para o inglês.

Giuseppe Allegro analisa a teologia de Abelardo em dois livros: *La teologia di Pietro Abelardo fra letture e pregiudizi* (Palermo, Officina di studi medievali, 1990) e *Teologia e metodo in Pietro Abelardo. Per una lettura della dottrina delle appropriazioni* (Palermo, Officina di Studi Medievali, 2010). Uma extensa apresentação da ética de Abelardo é a de Luis E. Bacigalupo, *Intención y conciencia en la Ética de Abelardo* (Lima, Ed. da PUC, 1992). Sobre a poesia e a música de Abelardo, há os trabalhos de Peter Dronke, como *Poetic individuality in the Middle Ages* (Turnholt, Brepols,

| BIBLIOGRAFIA |

1986, 1996) e *Women writers of the Middle Ages* (Cambridge, UP, 1984). E, mais recentemente, a publicação da tradução alemã dos *Lamentos* por Ursula Niggli, *Peter Abaelard als Dichter* (Tübingen, Francke, 2007).

A análise histórica da *Correspondência* de que nos utilizamos foi feita por Robert-Henri Bautier: "Paris au temps d'Abélard" (*Études sur la France capétienne*. Aldershot, Ashgate, 1981, 1992). Malgrado as controvérsias sobre o tema, a datação da obra de Abelardo acompanha aquela estabelecida por Constant J. Mews em "On dating the works of Peter Abelard" (*Abelard and his legacy*. Aldershot, Ashgate, 1985, 2001).

Alain de Libera publicou quatro volumosos livros sobre os problemas filosóficos a que nos referimos: 1) *La querelle des universaux. De Platon à la fin du Moyen Âge* (Paris, Seuil, 1996); 2) uma tradução comentada da *Isagoge* de Porfírio (Paris, Vrin, 1998); 3) *L'art des généralités. Théories de l'abstraction* (Paris, Aubier, 1999) e 4) *La référence vide. Théories de la proposition* (Paris, PUF, 2002).

Principais edições das obras de Abelardo e da *Correspondência*.[2]

1. Lógica: três, talvez mais, comentários da *Isagoge* de Porfírio (não se tem certeza da autoria de alguns deles). Dois comentários das *Categorias* e dois do *Da interpretação*, obras de Aristóteles. Comentários de dois tratados de Boécio: *Sobre os tópicos* e *Sobre a divisão*. A *Dialética*, um grande tratado geral que comenta o mesmo conjunto de textos. E o tratado *Sobre as intelecções* (que não é uma obra de lógica, mas do que chamaríamos de "teoria do conhecimento").

---

[2] No momento, quase todos os textos latinos citados podem ser encontrados na internet. O *site* do Centro de Estudos de Filosofia Patrística e Medieval de São Paulo – CEPAME (cepame.fflch.usp.br/bibliografia) tem uma lista de *sites* e da extensa bibliografia de e sobre Abelardo e Heloísa disponível em nossas bibliotecas, incluindo praticamente todos os títulos citados aqui.

| 141 |

| JOSÉ CARLOS ESTÊVÃO |

Des intellections. Ed. et trad. P. Morin. Paris: Vrin 1994.

Dialectica. Ed. L. M. de Rijk. Assen, van Gorcum, 1956, 1970², ed. revista.

Logica 'Ingredientibus' [et] *Logica 'Nostrorum petitioni sociorum'*, hrsg. B. Geyer, *Beiträge zur Geschichte der Philosophie des Mittelalters*, Münster, 1919-1933, XII(1-4). Reimpressão: 1970-1973. 4 vols.

Glossae super Peri hermeneias. Ed. K. Jacobi et C. Strub. CCCM, 206. Turnholt: Brepols, 2010, no prelo. (Nova edição da terceira parte da *Logica 'Ingredientibus'*).

Scritti di Logica. Ed. M. Dal Pra. Florença: La Nuova Italia, 1954, 1969².

Algumas traduções:

Lógica para principiantes. Intr. e trad. de C. A. R. do Nascimento. São Paulo: Ed. da UNESP, 1994, 2005².

"Glosses in *Peri hermeneias*", transl. in ARENS, HANS, ed., *Aristotle's theory of language and its tradition*. Amsterdã: Benjamins, 1984.

2. Teologia: *Teologia do sumo bem*, *Teologia cristã* e *Teologia para estudantes*, um comentário da *Carta* de Paulo *aos Romanos*, um comentário sobre o relato bíblico dos seis dias da Criação (*Expositio in Hexameron*), uma coletânea de "autoridades" patrísticas (o *Sim e não*), os *Problemas* de Heloísa, a *Regra* do Paracleto, sermões e opúsculos (comentários do Credo, um *Solilóquio*, a *Apologia contra Bernardo* etc.), além de algumas compilações, provavelmente feitas por estudantes, como as *Sentenças*.

Opera theologica. Ed. E. M. Buytaert et al. CCCM, 11-15. Turnholt: Brepols, 1969-2007. 6 vols. já publicados.

Sic et non. Ed. B. Boyer & R. McKeon. Chicago: UP, 1976-1977. 7 fasc.

Soliloquium, ed. C. Burnett, *Studi medievali*, Spoleto, 1984, 3ª ser., n. 25, p. 857-894.

I Sermoni di Abelardo per le Monache del Paracleto. Ed. P. de Santis. Leuven: UP, 2002.

Heloissae problemata cum M. P. Abaelardi solutionibus in Petri Abaelardi *Opera hactenus seorsim edita*. Ed. V. Cousin et al. Paris: Durand, 1849. Vol. I, p. 237-294. Reimpressões: Hildesheim, Olms, 1970 e 2009.

| BIBLIOGRAFIA |

The Paraclete Statutes. Institutiones Nostrae. Ed. C. Waddell. Kentuck: Cistercian Publications, 1987.

Algumas traduções:

An Exposition on the Six-day work. Transl. W. Zemler-Cizewski. Turnholt: Brepols, 2011.

De l'unité et de la trinité divine (Theologia summi boni). Trad. J. Jolivet. Paris: Vrin, 2001².

HELOISE's *Questions (Problemata Heloissae)*: Forty-two questions posed by Heloise and answered by Abelard" in *The Letters of Heloise and Abelard*. Transl. by M. M. McLaughlin with B. Wheele. Nova York: Macmillan, 2009.

Theologia "Scholarium". Hrsg., übers. und eingel. von M. Perkams. Freiburg: Herder, 2010.

Römerbriefkommentar. Expositio in epistolam ad Romanos. Übers. R. Peppermüller. Freiburg: Herder, 2000. 3 vols.

Teologia 'degli scolastici'. Libro III. Trad. S. P. Bonanni. Roma: Gregoriana, 2004.

Yes and no: the complete english translation of Peter Abelard's Sic et non. Transl. P. Throop. Charlotte: MedievalMS, 2007. 2011³.

3. Ética: *Ética ou Conhece-te a ti mesmo* e *Conferências* (ou *Diálogo entre um Filósofo, um Judeu e um Cristão*).

Scito te ipsum. Ed. R. M. Ilgner. CCCM, 190. Turnholt: Brepols, 2001.

Collationes. Ed. G. Orlandi, transl. J. Marenbon. Oxford: Clarendon, 2001.

Algumas outras traduções:

Ethical writings. Ethics or "Know Yourself" and Dialogue between a Philosopher, a Jew and a Christian. Transl. P. V. Spade. Indianápolis: Hackett, 1995.

Conférences (Dialogue d'un philosophe avec un juif et un chrétien). Connais-toi toi-même (Éthique). Trad. M. de Gandillac. Paris: du Cerf, 1993.

Ética o Conócete a ti mesmo. Trad. P. Rodríguez Santidrián. Madri: Tecnos, 1990.

Diálogo entre un filósofo, un judío y un cristiano. Trad. S. Magnavacca. Buenos Aires: Losada, 2003.

| JOSÉ CARLOS ESTÊVÃO |

4. Correspondência: de Abelardo, a *História das minhas calamidades* e dez cartas para Heloísa ou para "as monjas do Paracleto" (contando as "epístolas dedicatórias" em obras enviadas para Heloísa, como o *Hinário* e a coleção de sermões), além de oito cartas para outros correspondentes, entre elas, uma a Bernardo de Claraval e outra contra Bernardo. De Heloísa, três cartas para Abelardo e uma para Pedro de Cluny.

The Letter Collection of Peter Abelard and Heloise. [Ep. I-VIII]. Ed. by D. E. Luscombe. Transl. by B. Radice, revised by D. E. Luscombe. Oxford: Clarendon, 2013.

Peter Abelard's Letters IX-XIV. Ed. E. R. Smits. Groningen: Universiteit te Groningen, 1983.

Epistola contra Bernardum abbatem, ed. R. Klibansky, *Medieval and Renaissance Studies,* Durham, 1961, n. 5, p. 1-27.

Confessio fidei ad Heloisam, ed. C. Burnett, *Mittellateinisches Jahrbuch,* Stuttgart, 1986, n. 21, p. 147-155.

Confessio fidei universalis, ed. Ch. Burnett, *Medieval Studies,* Toronto, 1986, n. 48, p. 111-138.

La vie et les épitres Pierres Abaelart et Heloys sa fame. Textes latins et traductions du XIIIᵉ siècle attribuée a Jean de Meun. Ed. E. Hicks. Paris: Champion, 1991.

5. De atribuição duvidosa: fragmentos de cartas de amor que teriam sido trocadas por Abelardo e Heloísa.

Köensgen, E. *Epistoliae duorum amantium. Briefe Abaelards und Heloises?* Leiden: Brill, 1974.

Duas traduções:

Lettres des deux amants attribuées à Héloïse et Abélard. Trad. S. Piron. Paris: Gallimard, 2005.

Mews, C. J., *The lost love letters of Heloise and Abelard. Perceptions of dialogue in Twelfth-Century France.* Transl. C. J. Mews & N. Chiavaroli. Nova York: Palgrave, 1999.

| Bibliografia |

6. Poética e obra musical: um poema didático dedicado ao filho, Astrolábio, e composições musicais para a liturgia do Paracleto.

Carmen ad Astralabium. Ed. J. M. A. Rubingh-Bosscher. Groningen: Universiteit te Groningen, 1987.

Planctus. Ed. e trad. M. Sannelli. Trento: La Finestra, 2002.

Hymn collections from the Paraclete. Ed. C. Waddell. Kentuck: Cistercian Publications, 1989. 2 vols.

Algumas traduções:

Insegnamenti al figlio Astrolabio. Ed. e trad. G. Ballanti. Roma: Armando, 1984.

Lamentations. Histoire de mes malheurs. Correspondance avec Héloïse. Trad. P. Zumthor. Note musicologique de G. le Vot. Avignon, Actes Sud, 1992, 2008[3].

"Selected songs and poems" in ABELARD & HELOISE, *The Letters and other writings.* By W. Levitan. Transl. S. Lombardo and B. Thorburn. Indianápolis: Hackett, 2007.

Um exemplo dentre as muitas gravações da música de Abelardo (dada a dificuldade em ler a notação musical da época, as interpretações são fortemente conjecturais):

Abelard: Hymns & Sequences for Heloise (12th Century Chant). Schola Gregoriana of Cambridge. Winchester Catedral Choristers. Directed by Mary Berry. Libreto: C. Waddell and M. Berry. Farnham (England): Herald, 1994.

7. Principais edições do século XIX

Petri Abaelardi Opera omnia juxta editionem parisiensem anni 1616... ed. Duchesne/d'Amboise [*editio princeps*] et al. in Migne, J.-P., *Patrologia latina*, vol. 178. Paris: Garnier, 1855. Reimpressão: Turnholt: Brepols, 1995.

Ouvrages inédites d'Abélard. Ed. V. Cousin. Paris: Impr. royale, 1836. Reimpressão: Ann Arbor, Michigan: UP, 1973.

Petri Abaelardi Opera hactenus seorsim edita. Ed. V. Cousin et al. Paris: Durand, 1849-1859. 2 vols. Reimpressões: Hildesheim, Olms, 1970 e 2010.

8. Novas edições em preparação

A coleção *Corpus Christianorum* está preparando um grande número de novas edições, em particular da *Logica ingredientibus* (um volume já publicado), dos *Sermões*, das *Cartas* de número 9 a 14, do poema *Carmem ad Astralabium* e dos *Planctus*. Também está em preparação, fora da coleção, uma nova edição da *Dialectica*.

ÍNDICE DE NOMES CITADOS

Adão de São Dionísio (?-1122) – monge beneditino, abade de Saint-Denis, primeiro mosteiro no qual ingressa Abelardo. Perseguiu Abelardo quando ele negou que o fundador da abadia fosse o autor das obras que lhe eram atribuídas. Abelardo, assim como Bernardo, o acusa de levar uma vida incompatível com seu estado religioso.

Agostinho de Hipona (santo, 354-430) – africano de cultura latina, nascido na atual Argélia, bispo da cidade de Hipona, na mesma região. Foi adepto do neoplatonismo e o mais importante dos Pais da Igreja, de grande influência na História da Filosofia; autor de muitas obras, as mais famosas das quais são *Confissões* e *A cidade de Deus*. Segundo Abelardo, é "o maior dos teólogos".

Alberico de Reims (±1085-1141) – discípulo de Anselmo de Laon; professor de teologia em Reims; arcebispo de Bruges, na atual Bélgica; organizou o concílio de Soissons, que condenou Abelardo pela primeira vez.

Anselmo de Cantuária (santo, 1033-1109) – monge beneditino nascido em Aosta, na Itália, foi abade de Bec, na França, e arcebispo de Cantuária, na Inglaterra. Defendeu a autonomia da Igreja católica perante a Coroa britânica. Autor de orientação neoplatônica, entre suas obras destaca-se o *Proslogion*, na qual apresenta o célebre argumento chamado de "ontológico", que pretende provar a existência de Deus. Combateu as concepções "nominalistas" de Roscelino. Abelardo o elogia e respeita, mas não segue suas posições.

Anselmo de Laon (±1055-±1117) – Arquidiácono, foi o principal mestre da Escola de Laon. Foi professor de Guilherme de Champeaux. Renovou os estudos da *Bíblia* organizando a "glosa ordinária", compilação de comentários patrísticos do texto bíblico. Acusou Abelardo de "ensinar sem licença". Abelardo, que foi seu aluno, mostra forte desprezo por ele.

Aristóteles, "O Filósofo" (385-322a.C.) – nascido em Estagira, na Macedônia. Em Atenas, foi aluno de Platão por muitos anos. Ambos são os mais importantes filósofos da História. Depois da morte do mestre, deixou a Academia e fundou o Liceu. Foi preceptor de Alexandre Magno. Opõe-se a Platão, substituindo a Teoria das Ideias por análises determinadas pelos conceitos de substância e acidente, matéria e forma, ato e potência. As obras de Aristóteles cobrem todo o campo do saber, e entre elas podemos citar o *Organon* (conjunto de seis livros de lógica), *Física*, *Sobre a alma*, *História dos animais*, *Metafísica*, *Ética nicomaqueia*, *Política*, *Retórica*, *Poética*. O principal evento filosófico na Idade Média foi a redescoberta de Aristóteles, considerado "O Filósofo" por excelência, da qual um dos primeiros passos foi a obra de Abelardo.

Arnaldo de Bréscia (±1100?-±1155) – cônego italiano, deve ter sido aluno de Abelardo e foi professor em Paris. Combatia a riqueza do clero e defendia os direitos das comunas urbanas. Em Roma, propondo a restauração da República, conseguiu sublevar o povo e expulsar da cidade o papa. Depois de quase uma década, com a intervenção do imperador Frederico Barba Ruiva, foi derrotado e executado. Bernardo o apresenta como o "escudeiro" de Abelardo.

Astrolábio (±1118-?) – filho de Abelardo e Heloísa.

Avempace (em árabe, ibn Badjdja) (±1080-1139) – nascido em Saragoça, em Al-Andaluz, a Espanha de cultura muçulmana; foi comentador de Aristóteles e escritor de saber enciclopédico, além de ter ocupado o cargo político-religioso de vizir. Embora fosse contemporâneo de Abelardo, suas obras só foram traduzidas para o latim muito mais tarde. Sua injustificada fama de não ter religião pode ter inspirado a figura do *Filósofo* nas *Conferências* de Abelardo.

| ÍNDICE DE NOMES CITADOS |

Averróis (em árabe, ibn Rušd), "O Comentador" (1126-1198) – filósofo nascido em Córdoba, em Al-Andaluz, na qual foi vizir. Considerado pelos medievais o maior dos comentadores de Aristóteles, exerceu grande influência na filosofia da época.

Barthes, Roland (1915-1980) – teórico francês contemporâneo, autor de *Sistema da moda* e de *Mitologias*, entre muitas outras obras.

Berengário de Pallet (?-±1113) – cavaleiro do castelo de Pallet, na Bretanha; pai de Abelardo.

Berengário de Poitiers (±1120-?) – discípulo de Abelardo; depois do concílio de Sens, escreveu uma *Apologia de Abelardo*, na qual ataca violentamente a São Bernardo.

Bernardo de Claraval (santo, ±1090-1153) – monge beneditino de observância cisterciense, abade de Clairvaux. Exerceu grande influência religiosa e política em seu tempo; incentivou as Cruzadas e a organização de ordens de cavaleiros como a dos Templários. Combateu violentamente todos os que considerava "heréticos". Pensador místico cuja principal obra é um comentário do *Cântico dos Cânticos*, de excelente estilo literário no gênero. Foi o mais poderoso inimigo de Abelardo.

Boécio (475/80?-524) – filósofo e teólogo de tendência neoplatônica, considerado "o último dos romanos". Empenhado na preservação da herança filosófica clássica, traduziu e comentou Aristóteles. Sua obra mais famosa é *A consolação da filosofia*. É o principal inspirador de Abelardo.

Cícero (106-43a.C.) – filósofo e jurista, retórico e político romano de grande influência tanto em sua época quanto na História. Desenvolveu uma vasta obra na qual estão presentes elementos das principais correntes filosóficas antigas, com alguma inclinação para o estoicismo. Para Abelardo, Cícero é "o maior dos filósofos latinos". Abelardo escreveu uma *Retórica*, hoje perdida, que deve ter sido um comentário de Cícero.

Celestino II – cardeal italiano Gui de Castelo, papa de 1143 a 1144. Demonstra grande interesse pelas obras de Abelardo.

| José Carlos Estêvão |

Conan de Palestrina (?-±1122) – cardeal de origem alemã; legado papal na França na época em que Abelardo é condenado pelo concílio de Soisson. Abelardo o considera despreparado em teologia.

Cousin, Victor (1792-1867) – filósofo francês de orientação eclética e idealista, de grande importância em seu tempo, mas cuja obra atualmente está esquecida. Político de tendência liberal, foi Ministro da Educação e teve forte influência na formação do sistema educacional francês. Editou, entre outras, as obras de Descartes e as de Abelardo, quem considera "o primeiro filósofo francês".

Dagoberto – irmão de Abelardo.

Denise – irmã de Abelardo.

Eco, Umberto (1932-...) – teórico e escritor italiano contemporâneo, autor, entre muitas obras, de dois romances sobre temas medievais, *O nome da rosa* e *Bardolino*.

Estêvão de Blois (1105-1154) – rei da Inglaterra de 1135 a 1154; irmão do conde Teobaldo II de Champagne.

Estêvão de Garlande (±1070-±1148) – arquidiácono de Paris e deão da igreja de Sainte-Geneviève. Liderando o clã familiar dos Garlande, chegou a acumular a chancelaria do reino e o posto militar de senescal, exercendo grande influência durante quase todo o reinado de Luís VI, o Gordo. Hostilizado pelos que, como Bernardo, se opunham à ingerência dos senhores seculares nos negócios da Igreja, foi o principal protetor de Abelardo.

Eudes de Corbeil (?) – conde de Corbeil, cidade em que Abelardo abre sua segunda escola; aliado de Estêvão de Garlande.

Frederico I, Barba Ruiva – imperador do Sacro Império Romano Germânico de 1155 a 1190.

Fulberto (?-±1127) – canônico da igreja de Notre-Dame de Paris; tio e tutor de Heloísa.

Gelásio I (santo) – papa de 492 a 496, a quem se deve a fixação definitiva dos livros que compõem a *Bíblia* aceita pela Igreja católica.

| ÍNDICE DE NOMES CITADOS |

Gilberto de Poitiers, "O Porretano" (±1075-1154) – bispo de Poitiers; principal mestre da Escola de Chartres em seu tempo; foi professor de João de Salisbury. Lógico importante durante a Idade Média, de tendência "realista" (como toda a Escola de Chartres), mas próximo de Abelardo. Também foi atacado por São Bernardo, que, no entanto, não conseguiu que fosse condenado.

Gilson, Étienne (1884-1978) – francês, é o maior historiador contemporâneo da Filosofia Medieval; escreveu, entre muitos outros títulos, um livro sobre Heloísa e Abelardo e o clássico *A Filosofia na Idade Média*.

Godofredo de Auxerre (±1120-±1188) – aluno de Abelardo, mais tarde aderiu às posições de Bernardo, de quem foi secretário e biógrafo; monge beneditino, foi abade de Clairvaux. Pretendia escrever um tratado contra "os erros de Abelardo", mas não sabemos se chegou a fazê-lo.

Godofredo de Chartres (?-1149) – bispo de Chartres; conselheiro do conde de Champagne; legado papal na época do concílio de Sens. Defendeu Abelardo no concílio de Soissons e, a pedido de Abelardo, tentou disciplinar os monges de Saint-Gildas-de-Rhuys. Defendeu Heloísa quando Sugério tomou as propriedades do mosteiro de Argenteuil.

Guilherme de Champeaux (±1070-1122) – professor de lógica, teve Abelardo como aluno; ensinava teses fortemente "realistas". Foi bispo de Châlons e fundador da ordem canônica de São Vítor. Em nome do papado, negociou com o Imperador a Concordata de Worms, que disciplinava a investidura dos bispos. Foi amigo e protetor de São Bernardo e adversário de Abelardo.

Guilherme de Ockham (±1285-1347) – inglês, lógico e teólogo de grande influência na História da Filosofia, sendo o mais conhecido e o mais radical dos filósofos "nominalistas" da Idade Média. O "princípio de economia" (segundo o qual todos os conceitos desnecessários devem ser eliminados) passou a ser chamado de "navalha de Ockham". Criticou Tomás de Aquino e João Duns Escoto. Como

| 151 |

| José Carlos Estêvão |

frade franciscano, combateu intensamente os papas de sua época, foi excomungado e morreu no exílio, na Alemanha, sob proteção do Imperador.

Guilherme de São Teodorico (±1075-1148) – nascido perto de Liège, na atual Bélgica, foi monge beneditino, abade de Saint-Thierry. Embora tenha sido amigo de Abelardo, ligou-se fortemente a Bernardo; renunciou ao cargo de abade e tornou-se monge de observância cisterciense. Deu início às acusações que levaram à condenação de Abelardo em Sens, tendo escrito uma *Disputa contra Pedro Abelardo*.

Hugo de São Vítor (1096-1141) – religioso de origem alemã, foi o principal mestre dos vitorinos; defendeu posições teológicas muito diversas das de Abelardo, embora sem atacá-lo abertamente; sua obra mais difundida é o *Didascalion*, na qual propõe uma classificação nova das ciências.

Inocêncio II – italiano, foi papa de 1130 a 1143. Enfrentou um cisma e foi apoiado pela nobreza e pelo clero francês, em particular por Bernardo. Protegia Heloísa, a quem teria visitado no Paracleto. Confirmou a excomunhão de Abelardo, mas depois, a pedido de Pedro de Cluny, a suspendeu.

Inocêncio III – papa de 1198 a 1216. Mostra ter sido influenciado pelas obras de Abelardo, quando incorpora à doutrina da Igreja católica a importância dos temas da intenção moral e da consciência.

Jacinto Boboni (±1100-1198) – italiano, membro da poderosa família romana dos Orsini; foi aluno de Abelardo e talvez estivesse presente no concílio de Sens. Costuma ser identificado como o papa Celestino III, que ocupou a Sé de Roma de 1191 a 1198.

Jean de Meun (1250-1305) – francês, autor da segunda e maior parte de *O romance da rosa*, obra literária de grande difusão no século XIII; traduziu a correspondência de Abelardo e Heloísa para o francês.

Jerônimo (santo, ±347-419) – originário da Itália romana, foi aluno do gramático Donato. Viveu grande parte da vida na Palestina. É um dos principais Pais da Igreja, autor de numerosas obras e traduções,

| ÍNDICE DE NOMES CITADOS |

entre as quais a mais importante versão latina da *Bíblia*, conhecida como *Vulgata*. Foi um dos autores prediletos de Abelardo e de Heloísa.

João de Vepria (±1445-±1518) – Prior do Mosteiro de Clairvaux, erudito e humanista. Compilou fragmentos de correspondência que, segundo alguns historiadores, seriam das "cartas de amor" de Abelardo e Heloísa.

João Duns Escoto (±1265-1308) – escocês e frade franciscano. Estudou em Cambridge, Oxford e Paris. Comentou Aristóteles, em especial a *Metafísica*. É um dos maiores teólogos medievais, profundamente inovador, em particular por suas teorias a respeito da noção de vontade.

João de Salisbury (±1115-1180) – inglês, estudou em Paris e Chartres. Foi secretário de Tomás Becket (religioso assassinado a mando de Henrique II, rei da Inglaterra) e bispo de Chartres. É um dos únicos autores medievais que defende o ceticismo. Dentre suas obras, destacam-se o *Policraticus*, primeiro tratado de ética e política medieval, e o *Metalogicon*, em que relembra numa passagem seu mestre Abelardo.

Juscelino de Soissons (?-1152) – bispo de Soissons (num momento posterior ao do concílio que condenou Abelardo); adepto de teorias "realistas", nutria forte antipatia por Abelardo.

Judá Halevi (1075-1141) – Poeta judeu nascido em Aragão, na Espanha cristã, e que passou grande parte da vida em Al-Andaluz (a Espanha muçulmana). Autor de *Defesa de uma religião humilhada*, diálogo escrito em árabe, mas difundido na tradução hebraica com o título de *Cusari*, obra em que um judeu expõe sua religião e debate com um cristão e um muçulmano.

Leibniz, Gottfrid Wilhelm (1646-1716) – filósofo alemão, nascido em Leipzig, autor de uma obra vastíssima e variada, correspondeu-se com quase todos os grandes intelectuais de seu tempo. Também foi diplomata e matemático, tendo inventado o cálculo infinitesimal. É

| 153 |

o último dos grandes cartesianos. Entre suas obras mais conhecidas, pode-se citar *Monadologia* e *Ensaios de teodiceia*, livro no qual faz breves e duras críticas a Abelardo.

Leonor de Aquitânia (1122-1204) – filha e herdeira de Guilherme X, último duque de Aquitânia, tornou-se rainha da França ao casar-se com Luís VII, casamento posteriormente anulado. Casou-se, então, com Henrique II, Plantageneta, tornando-se rainha da Inglaterra; foi mãe de Ricardo Coração de Leão e de João Sem Terra, reis da Inglaterra. Esteve presente no concílio de Sens.

Lotulfo Lombardo (?) – discípulo de Anselmo de Laon e professor de teologia em Reims; junto com Alberico de Reims, organizou o concílio de Soissons, que condenou Abelardo pela primeira vez.

Lúcia – mãe de Abelardo.

Luís VI, o Gordo – rei da França de 1108 a 1137; iniciou, com sucesso, a luta da Coroa contra os grandes senhores feudais. Teve Estêvão de Garlande como chanceler e senescal; fez doações ao Paracleto de Heloísa.

Luís VII, o Jovem – rei da França de 1137 a 1180; esteve presente no concílio de Sens.

Maquiavel, Nicolau (1469-1527) – florentino, prestou serviços diplomáticos à República de Florença antes de cair em desgraça. Teórico e literato, sua obra mais conhecida é *O Príncipe*, através da qual revolucionou a Filosofia Política. Sua melhor peça teatral é a comédia *A Mandrágora*.

Michelet, Jules (1798-1874) – grande historiador francês, autor de um vasto número de obras, entre elas *História da França* e *História da Revolução Francesa*. Refere-se a Abelardo como um paladino da liberdade.

Norberto de Xanten (santo, ±1080-1134) – fundador da ordem canônica dos premonstratenses; foi chanceler imperial da Itália. Próximo das posições de Guilherme de Champeaux e de Bernardo, parece que foi hostilizado por Abelardo.

| ÍNDICE DE NOMES CITADOS |

Oto de Freisign (±1110-1158) – bispo de Freisign, na Alemanha, e cronista do imperador Frederico Barba Ruiva. Foi aluno de Abelardo e narra os eventos do concílio de Sens de um ponto de vista favorável a Bernardo.

Paulo de Tarso (santo, ?- ±64) – judeu de cultura grega e cidadão romano que se converte ao cristianismo pouco tempo depois da crucificação de Jesus, tornando-se o mais importante dos divulgadores da nova religião, principalmente nos meios não-judaicos. É autor de 14 cartas que foram incorporadas ao *Novo Testamento*, a segunda parte da *Bíblia* cristã.

Pedro de Cluny, "O Venerável" (±1092-1156) – monge beneditino, abade de Cluny, a maior e mais poderosa abadia do Ocidente. Chefe dos "monges negros", disputava com Bernardo (o chefe dos beneditinos cistercienses, os "monges brancos") a liderança do movimento monástico. Patrocinou algumas das primeiras traduções medievais de Aristóteles e uma tradução latina do *Alcorão*, o Livro Sagrado muçulmano. Foi sempre um defensor de Abelardo, quem considerava "o nosso Aristóteles". Depois da condenação de Sens, recebeu Abelardo em Cluny e intercedeu junto ao papa para que a excomunhão fosse anulada. Após a morte de Abelardo, entregou seus despojos para que fossem sepultados no Paracleto, o mosteiro de Heloísa.

Pedro Lombardo (1095-1160) – italiano, bispo de Paris, autor de *Sentenças*, síntese das elaborações teológicas da primeira metade do século XII e o mais importante manual de teologia até o século XVI. Foi aluno de Abelardo e preservou boa parte de suas posições teológicas, mesmo quando discordava delas.

Perotinus Magno (1160/80? – ±1235) – músico e compositor, principal mestre da Escola de Notre-Dame de Paris, a primeira escola musical da Idade Média. De suas composições que chegaram até nós, a mais conhecida é *Sederunt principes*.

Petrarca, Francesco (1304-1374) – italiano, poeta e erudito, foi o primeiro dos grandes humanistas, prenunciando o Renascimento. Faz o elogio de Abelardo em sua obra *A vida solitária* e teve em sua

| 155 |

biblioteca um manuscrito da *Correspondência de Abelardo e Heloísa* que chegou até nós anotado por ele.

Platão (427-347a.C.) – ateniense, principal discípulo de Sócrates; fundou a Academia, primeira das grandes escolas filosóficas da Antiguidade. Foi mestre de Aristóteles. Elaborou a Teoria das Ideias, segundo a qual as coisas sensíveis recebem sua realidade pela participação nos Arquétipos ou Ideias suprassensíveis. Escreveu grande número de diálogos filosóficos que chegaram até nós, entre eles *Timeu*, *O político*, *A república*, *Apologia de Sócrates*, *O banquete*. Durante a Idade Média, sua obra foi praticamente desconhecida, embora o neoplatonismo mantivesse grande influência. Abelardo vê no *Timeu* uma antecipação do cristianismo.

Plotino (±205-270) – fez sua formação em Alexandria, no Egito de cultura helênica, como discípulo de Amônios Saca, e estabeleceu-se como filósofo em Roma. É o criador do neoplatonismo, tendo exercido extraordinária influência na História da Filosofia, principalmente através de Agostinho de Hipona.

Pope, Alexander (1688-1744) – poeta inglês, autor do poema *Eloise to Abelard*, provavelmente a melhor peça literária inspirada no casal.

Porfírio (±234-305) – nascido na Síria de cultura helênica e educado em Atenas, tornou-se discípulo de Plotino em Roma; editou as obras do mestre, as *Enéadas*, e escreveu uma *Vida de Plotino*. Combateu o cristianismo. Seu trabalho mais difundido é a *Isagoge*, uma "introdução" às *Categorias* de Aristóteles, no qual formula as questões que deram origem à "querela dos universais", opondo "realistas" e "nominalistas". É o autor mais comentado por Abelardo.

Prisciano de Cesareia, "O Gramático" (±460-±530) – africano de cultura latina, nascido na atual Argélia, fez sua formação em Constantinopla, onde foi professor. É autor das *Institutiones grammaticae*, monumental tratado que foi referência obrigatória para os medievais. Abelardo o citou constantemente, e escreveu uma *Gramática*, atualmente perdida, que provavelmente seria um comentário da obra de Prisciano.

| ÍNDICE DE NOMES CITADOS |

Pseudo-Dionísio, o Areopagita (± séc. VI) – nome atribuído ao autor anônimo de um conjunto de escritos neoplatônicos de grande influência na Idade Média. Abelardo foi um dos primeiros a pôr em dúvida a identidade do autor.

Raul – irmão de Abelardo.

Roscelino de Compiègne (±1050-±1125) – é tido como o introdutor do "nominalismo" na filosofia medieval. Atacado por Anselmo de Cantuária e por Ivo de Chartres, foi condenado mais de uma vez. Sua obra não chegou até nós. Foi um dos primeiros professores de Abelardo e posteriormente se tornaram inimigos.

Rousseau, Jean-Jacques (1712-1778) – cidadão de Genebra, na Suíça, foi o principal filósofo francês do século XVIII. Autor de obras de grande influência, como, entre muitas outras, *O contrato social* e *A nova Heloísa*.

Sêneca (±2a.C.?-65) – filósofo e escritor romano, nascido em Córdoba, na Espanha de cultura romana. Foi preceptor do imperador Nero, que mais tarde o condenou a cometer suicídio. É um dos mais importantes filósofos estoicos latinos. Dentre suas obras, uma das mais conhecidas é *Cartas a Lucílio*, uma vasta coleção de cartas de orientação filosófica e moral. Na Idade Média, seu prestígio era suficiente para que se aceitasse como autêntica a fictícia correspondência que teria sido trocada entre ele e São Paulo. Abelardo e Heloísa são fortemente influenciados por ele e o consideram o mais importante dos moralistas.

Shakespeare, William (1564-1616) – é o maior autor inglês de todos os tempos; escreveu grande número de dramas históricos, de comédias e tragédias, entre elas, *Romeu e Julieta*.

Sugério de São Dionísio (1081-1151) – monge beneditino, abade de Saint-Denis, fez a reforma moral e religiosa da abadia e restaurou-lhe as finanças. Excelente administrador, foi regente do reino na ausência do rei Luís VII. Fez construir uma das primeiras igrejas no novo estilo arquitetônico da época, o gótico. Escreveu diversos livros, entre os quais *A vida do Rei Luís, o Gordo,* e uma descrição

| 157 |

da nova igreja de Saint-Denis. Mantinha boas relações tanto com Bernardo quanto com Pedro de Cluny. Embora tenha tomado o mosteiro de Argenteuil na época em que era dirigido por Heloísa, manteve-se afastado das perseguições a Abelardo.

Sócrates (469-399a.C.) – ateniense, é o mais célebre filósofo da Antiguidade. Foi mestre, entre muitos outros, de Platão, através de quem conhecemos sua filosofia, que se dirigia principalmente a questões éticas. Não deixou obras escritas.

Teobaldo II de Champagne (?-±1152) – conde de Champagne, de Blois, de Chartres, de Provins, de Mens etc., neto de Guilherme, o Conquistador, e irmão de Estêvão de Blois, rei da Inglaterra. Adversário dos reis franceses. Acolheu Abelardo quando ele teve que fugir de Saint-Denis, confirmou a doação das terras do Paracleto para Abelardo e a posterior transferência para Heloísa, quem apoiou com doações, mas tampouco deixou de financiar São Bernardo. Esteve presente no concílio de Sens.

Tomás de Aquino (santo, ±1225-1274) – italiano, frade dominicano; professor em diversas escolas, inclusive na Sorbonne; é o mais importante dos teólogos da Idade Média. Comentou boa parte dos livros de Aristóteles, de quem recebe forte influência, e sua principal obra é a *Suma de teologia*.

Tomás de Morigny (±1080-±1145) – monge beneditino, abade de Morigny. Depois de ter sido amigo de Abelardo, aliou-se a Bernardo. É autor de *Disputa dos Pais católicos contra as doutrinas de Pedro Abelardo*.

Valter de Mortagne (±1100-1174) – bispo de Laon; discípulo de Anselmo de Laon; como professor de lógica em Reims, defendeu teses "realistas"; foi correspondente e adversário de Abelardo.

Valter de São Vítor (?- ±1179) – religioso da ordem canônica de Saint--Victor, autor de *Contra os quatro labirintos da França*, que inclui Abelardo entre os "heréticos" de então (os outros três seriam Gilberto de Poitiers, Pedro de Poitiers e Pedro Lombardo).

| ÍNDICE DE NOMES CITADOS |

Voltaire (1694-1778) – escritor e filósofo iluminista francês de grande influência em sua época. Ataca frontalmente a Igreja e não poupa críticas à política de então. Colaborou com verbetes da *Enciclopédia*, e, dentre o grande número de suas obras, podem-se citar as *Cartas filosóficas* e o romance satírico *Cândido*.

Villon, François (1431-?) – grande poeta francês do século XV, de vida extremamente atribulada, autor da famosa *Balada das damas dos tempos passados*, que faz referência à *très sage Héloïse*.

Wittgenstein, Ludwig (1889-1951) – austríaco, um dos mais influentes filósofos contemporâneos, autor, entre outros títulos, do *Tractatus logico-philosophicus* e de *Investigações filosóficas*.

Primeira edição das *Obras* de Abelardo (1616)

ÍNDICE

Capítulo I
7   O CAVALEIRO DA DIALÉTICA
7   1. O único filósofo do mundo
12   2. De filósofo a teólogo

Capítulo II
17   A JOVEM HELOÍSA
17   1. O lobo e a ovelha
19   2. A recusa de Heloísa e a queda de Abelardo

Capítulo III
25   A INVENÇÃO DA TEOLOGIA
25   1. Primeiro embate teológico
28   2. Uma nova concepção: a teologia

Capítulo IV
37   A LÓGICA MODERNA
37   1. Da "lógica velha" à "lógica moderna"
39   2. A questão dos universais: as palavras e as coisas
46   3. A posição de Abelardo

Capítulo V
57   A "NOSSA ÉTICA"
57   1. A *Ética*
63   2. As *Conferências*

Capítulo VI

69 A CORRESPONDÊNCIA DE ABELARDO E HELOÍSA

69   1. Fuga e refúgio. Fracasso e sucesso

77   2. As cartas de Heloísa

Capítulo VII

85 MAIS CALAMIDADES

85   1. Nova condenação

88   2. Herético ou ortodoxo?

Capítulo VIII

95 MORTE E TRANSFIGURAÇÃO

95   1. Morte e sepultura

97   2. Herança e transfiguração

105 **ANTOLOGIA**

EXCERTOS DAS OBRAS DE ABELARDO
E UMA CARTA DE HELOÍSA

105   1. Da *Lógica para principiantes*:
Primeira crítica do "realismo"

111   2. Da *Ética ou Conhece-te a ti mesmo*.
O que significa "pecado"

119   3. Da *Teologia do sumo bem*.
O que significa "pessoa"

123   4. Prólogo do *Sim e não* (excertos)

128   5. Primeira carta de Heloísa

133 **NOTA SOBRE AS "CARTAS DE AMOR"**

135 **BIBLIOGRAFIA**

147 **ÍNDICE DE NOMES CITADOS**

***